GEORG LUKÁCS

IN
SELBSTZEUGNISSEN
UND
BILDDOKUMENTEN

DARGESTELLT
VON
FRITZ J. RADDATZ

ROWOHLT

Dieser Band wurde eigens für «rowohlts monographien» geschrieben
Die Zeittafel wurde von Peter Ludz besorgt und von Frank Benseler ergänzt. Die Zeugnisse lieferte der Autor, die Bibliographie wurde zusammengestellt von Elisabeth Raabe
Herausgeber: Kurt Kusenberg · Redaktion: Beate Möhring
Schlußredaktion: K. A. Eberle
Umschlagentwurf: Werner Rebhuhn
Vorderseite: Georg Lukács, Berlin 1955
(Archiv Luchterhand)
Rückseite: Interimsausweis vom 30. Januar 1915
(Archiv Luchterhand)

Veröffentlicht im Rowohlt Taschenbuch Verlag GmbH,
Reinbek bei Hamburg, November 1972

Satz Aldus (Linofilm-Super-Quick)
Gesamtherstellung Clausen & Bosse, Leck/Schleswig
Printed in Germany
ISBN 3 499 50193 7

INHALT

Budapest, 1948

Die «Prawda» brachte auf Seite 4 eine Fünf-Zeilen-Notiz, das «Neue Deutschland» versteckte die Nachricht in elf Klein-Zeilen; «Le Monde» dagegen druckte eine Seite, in «L'Humanité» schrieb der französische Schriftsteller André Wurmser seine Würdigung auf Seite 1, alle deutschsprachigen Zeitungen des Westens widmeten dem Ereignis ganzseitige Artikel; der Freund-Feind Ernst Bloch sprach von der Enttäuschung, nicht – wie bei Tizian – abermals das Wunder einer hundertjährigen Schaffenskraft erleben zu können: des sechsundachtzigjährigen Georg Lukács' Tod am 4. Juni 1971 war nicht nur das Ende einer (theoretischen) Kunstperiode, sondern gab auch, auf verquere Weise, die Summe eines Lebens: Akklamation und Würdigung in der alten Welt, deren Ende er hatte mit herbeiführen wollen. Es war ein Leben gegen die Zeit.

Als Georg Lukács 1885 in Budapest geboren wurde, im selben Jahr, in dem Goethes Enkel Walther starb und den Nachlaß an Weimar vermachte, hieß sein Vater noch Josef Löwinger. Erst 1890 erhielt der aus Szeged stammende Kleingewerbetreibende auf Beschluß des Innenministers den Namen Lukács, später – 1901 – wurde die Familie von den Habsburgern geadelt; der Vater war inzwischen Direktor der führenden ungarischen Bank «Budapester Kreditanstalt». Die Mutter, eine geborene Adel Wertheimer, stand dem jüdisch-patrizischen Hause vor, gegen dessen Charakteristik als «isoliert lebendem deutschsprachigem Großbürgertum in Budapest» Lukács sich später gelegentlich verwahrte.

Dazu ist zu bemerken, daß diese Darstellung, die zwar für das Budapest der siebziger Jahre zutreffen mag, in meiner Jugendzeit schon völlig überholt war. Es gab höchstens Familien, die zweisprachig waren, so auch die meine, da meine Mutter geborene Wienerin war. Folglich gab es auch keine «Isolation». Zu den unangenehmen Erinnerungen meiner Jugend gehört ein für meine Bedürfnisse viel zu großer Verkehr in meinem Elternhause aus den verschiedensten Gesellschaftsschichten, darunter natürlich auch rein ungarischen. Von «Isolation» war nie die Rede.[1]*

Einige Biographen berichten, daß zu diesem geselligen Verkehr im Hause der Familie Lukács zwischen 1913 und 1922 schon Thomas Mann gehört habe, ohne allerdings den Sohn – seinen späteren Interpreten – getroffen zu haben.[2] Gegen den Wunsch des Vaters, ebenfalls Bankier werden zu sollen, wehrte sich Lukács schon früh und heftig; aus Protest stellte er die Fotografie seines Onkels auf den Schreibtisch,

---

* Die hochgestellten Ziffern verweisen auf die Anmerkungen S. 118f.

Der Vater in Hoftracht. Budapest, 1896

Die Mutter, 1896

Schwester Maria, 1896

Bruder Hans, 1896

der sich aus den Aktivitäten des Alltags zurückgezogen und sein Leben der Meditation und dem Auslegen des Talmud gewidmet hatte. Die ersten Zeitschriftenaufsätze des siebzehnjährigen György von Lukács galten bereits literarischen Themen, und schon 1904 gründete er gemeinsam mit Sándor Hevesi und László Bánoczy die Thalia-Bühne in Budapest, die in der Berliner «Freien Bühne» ihr Vorbild sah – also moderne Autoren wie Henrik Ibsen einem «neuen» Theaterpublikum zugänglich machen wollte. Im selben Jahr wurde er Mitglied der 1901 von dem Juristen und Soziologen Gyula Pikler gegründeten «Soziologischen Gesellschaft», die «Huszadik Század» [Das XX. Jahrhundert] herausgab, eine Zeitschrift der radikalen bürgerlichen Intellektuellen. An ihr und «Nyugat» [Der Westen], einem Blatt, das von eminenter Bedeutung für die literarische Erneuerung Ungarns war, arbeitete Lukács ab 1906 mit, vor allem mit Beiträgen zum modernen Drama. In derselben Zeit – wohl neben dem Studium an der Universität Budapest, wo er 1909 zum Dr. phil. promoviert – schreibt Lukács nämlich an einer umfangreichen Untersuchung zur *Entwicklungsgeschich-*

Georg als Gymnasiast, 1896

te des modernen Dramas; seine Zeitschriftenaufsätze verstehen sich offensichtlich als Vorstudien. Übrigens nicht nur zu diesem Buch – die Essays über Novalis, Stefan George, Richard Beer-Hofmann und Sören Kierkegaard, die sich in den Zeitschriften finden, sollen später auch zu einem Buch zusammengefaßt werden. Die Arbeit über das moderne Drama wird bereits 1908, drei Jahre vor der Publikation, von der Kisfaludy-Gesellschaft mit dem Krisztina-Preis ausgezeichnet; es bleibt die einzige umfangreiche Arbeit von Lukács, die nie auf deutsch erschienen ist. Vom Wintersemester 1909/10 ab studiert er in Berlin und schreibt von jetzt ab meist Deutsch, publiziert unter der deutschen Schreibweise seines Namens: Georg von Lukács steht auf dem Band, der 1911 in Berlin bei Egon Fleischel unter dem Titel *Die Seele und die Formen* erscheint, eine Übersetzung seiner Aufsätze, die er 1910 für eine ungarische Buchausgabe gesammelt hatte. Dies Doppel-Datum ist wichtig: die Buchpublikation schließt eine erste Phase im Schaffen Lukács' ab; der Besuch der Vorlesungen bei Georg Simmel in Berlin als dessen «persönlicher Schüler» führt zu einer neuen.

In einem *Florenz, Oktober 1910* datierten Brief an Leo Popper, der dem Band als Einleitung vorangestellt ist, reflektiert Lukács über *Wesen und Form des Essays* und erläutert in dieser formalen Eigenanalyse seinen kritischen Standort: die höhere, wahre Wirklichkeit ist die der Seele und der Formen, Empirie ist Chaos, Rohmaterial. Annäherungsmöglichkeit an die «schlechte Wirklichkeit», gar ihre Erkennbarkeit, ist – paradox – das Sichweg-Wenden: *Denn im Dichter wird bewußt, was das Leben zum Leben macht; der wirkliche Dichter kennt dem Leben gegenüber keine Beschränktheit und sein eigenes Leben betreffend keine Illusion. Darum ist das Leben nur Rohmaterial für Dichter; nur seine spontan gewalttätigen Hände können Eindeutigkeit aus dem Chaos, Symbole aus den unkörperlichen Erscheinungen herauskneten, können dem tausendfach Verzweigten und Zerfließenden Formen – Grenzen und Bedeutung – verleihen.*[3]

Damit ist der Dichter der «problematische Mensch», der an der Welt leidet, sie allenfalls «formt», also ästhetisiert. Die Gestalten von Lukács' Essays – Kassner, Kierkegaard, Novalis, George, Philippe, Beer-Hofmann – sind Leidende; ihnen gegenüber ist Chaos, Antigeist, Unordnung – die Welt. Ihre Existenz ist ein Leben zum Tode hin. Über Novalis heißt es: *Es war die Tragödie der Romantik, daß nur des Novalis Leben zur Dichtung werden konnte; sein Sieg ist ein Todesurteil über die ganze Schule. Denn alles, womit sie das Leben erobern wollten, reichte bloß für einen schönen Tod aus; ihre Lebensphilosophie war nur eine des Todes, ihre Lebenskunst eine des Sterbens.*[4]

Besonders Kierkegaard, dessen Hegel-Kritik Lukács noch in den Heidelberger Jahren eine monographische Studie widmen wollte, war

Berlin: die Universität

GEORG VON LUKÁCS
DIE SEELE UND DIE
FORMEN / ESSAYS

EGON FLEISCHEL & CO. BERLIN
1911

in dieser Jugendzeit von großem Einfluß auf ihn. Er hatte zwar schon als Gymnasiast Marx gelesen, hatte 1908 das «Kapital» durchgearbeitet – aber sein Interesse, so schrieb er 1967, galt damals dem «Soziologen» Marx – gesehen durch eine weitgehend von Simmel und Max Weber bestimmte *methodologische Brille*[5]. Schopenhauer, Nietzsche und Kierkegaard stehen ihm nahe; Stigma der Moderne ist für Lukács, daß jene «geschichtliche Kindheit der Menschheit», von der Marx[6] spricht und die für ihn «am schönsten entfaltet» ist «. . . eine nie wiederkehrende Stufe von ewigem Reiz», daß also die Harmonie der Antike oder auch noch des christlichen Mittelalters verlorenging. Sein ganzes Leben lang wird sich Lukács mit Marx' Problem beschäftigen: «. . . die Schwierigkeit liegt nicht darin zu verstehen, daß griechische Kunst und Epos an gewisse gesellschaftliche Entwicklungsformen geknüpft sind. Die Schwierigkeit ist, daß sie uns noch Kunstgenuß gewähren und in gewisser Beziehung als Norm und unerreichbare Muster gelten.»[7]

Aber jetzt schon ist deutlich: Lukács' Konzept der Welt als feindliches Außen, des Künstlers als problematischem Individuum und die Kunst als Ordnungsprinzip des Lebens ist sein erster Versuch, diese Frage zu beantworten. Die Form als Utopie, als Lösung der gesellschaftlichen Disharmonien: *Das Leben ist nichts, das Werk ist alles, das Leben ist lauter Zufall, und das Werk ist die Notwendigkeit selbst.*[8]

1912

NEUE BLÄTTER

DÄUBLER / Ode und Gesänge / KASSNER / Der Heilige / BUBER / Das Wandbild / LUKÁCS / Von der Armut am Geiste / RILKE / Marien-Leben / JAMMES / Gebet und die Kirche

Der italienische Literaturwissenschaftler Alberto Asor Rosa hat diese Konzeption des jungen Lukács analysiert:

«Nach Lukács' Auffassung besteht also eine zweifache Bewegung – vom Leben zur Kunst und von der Kunst zum Leben – eine zweifache Bewegung, die weder je dialektisch in einer Synthese sich ausdrückt noch nach wiederholten zyklischen Phasen sich entfaltet, vielmehr immer gleichlaufend mit sich selbst erfolgt, d. h., sie entfaltet sich gleichzeitig in beiden Richtungen. Auf der einen Seite die Bewegung des Aufstiegs vom alltäglichen Chaos zum Wunder der Formen, von der Unordnung zur Ordnung, von der empirischen Existenz zum Wesen, auf der anderen Seite vollzieht sich hingegen die Bewegung der Inbesitznahme der Formen über das Chaos, der Ordnung über die Unordnung, des Wesens über die Existenz, ohne daß darum diesem Modell ein regelmäßiges Diagramm von Übergängen und Entwicklungen entspräche: weil jeglicher Übergang sich in die lebendige Problematik der Seele verstrickt.»[9]

KUNST UND LEBEN: DIE JAHRE IN HEIDELBERG

Dieser Riß im Bauwerk des Seins, später tiefer erforscht, nicht verinnerlicht, sondern in der von ihm selber geprägten Formulierung von der *Verdinglichung* materialistisch begriffen – hat schon früh einen Autor fasziniert: Thomas Mann. Lukács' These, die Produktivität der Geister sei Grund für die Problematik der Moderne, und – illustriert in seinem Storm-Essay – seine Beweisführung, daß Flucht, also Idylle, nur eine andere Form der Tragödie ist, des Unauflösbaren nämlich: das hat den Autor des «Tod in Venedig» 1911 so stark beschäftigt, daß er beim Niederschreiben der Novelle ganze Passagen aus Lukács' Philippe-Essay exzerpierte.[10] Bei den im Züricher Thomas-Mann-Archiv erhaltenen Notizen zu der Novelle findet sich ein Blatt mit der Aufschrift «Beziehungen von Kap. II zu V», das folgenden Text enthält:

Sokrates hatte seine Sehnsucht zu einer Philosophie umgeformt, deren Gipfel ein ewig Unerreichbares, das höchste Ziel jeder menschlichen Sehnsucht ist: die intellektuelle Anschauung. Durch ein solches Vordringen bis zu diesem letzten und unlösbaren Konflikt ist seine Sehnsucht für das Leben konfliktlos geworden: die Liebe – die typische Erscheinungsform der Sehnsucht – ist zum Teil des Systems, zu einem Gegenstand der Welterklärung, zu einem Symbol des Weltzusammenhangs geworden. Eros ward aus dem Liebesgott ein kosmisches Prinzip. Sokrates, der Mensch, ist hinter seiner Philosophie verschwunden.

Aber den Menschen und den Dichtern wird ein solcher Aufschwung immer versagt bleiben ... ihr Aufschwung ist immer die Tragödie ... im Leben muß die Sehnsucht Liebe bleiben: es ist ihr Glück und ihre Tragödie.[11]

Das ist aber ein Lukács-Text aus eben jenem Essay *Über Sehnsucht und Form*, der im Februar 1911 in gekürzter Fassung in der «Neuen Rundschau» vorabgedruckt worden war. Thomas Mann las die Zeitschrift aus dem Hause S. Fischer regelmäßig. Dem Exzerpt folgen eigene Überlegungen, deren Zusammenhang mit dem vorigen evident ist – so evident wie auch das Eingehen dieser Haltung zu Kunst und Leben in die Novelle.

«So lauteten die Lukácsschen Worte, die Thomas Mann exzerpierte. Er führte diese Gedankengänge mit einigen Veränderungen weiter aus: ‹Eros ist für den Künstler der Führer zum Intellektuellen, zur geistigen Schönheit, der Weg zum Höchsten geht für ihn durch die Sinne! Aber das ist ein gefährlich lieblicher Weg, ein Irr- und Sündenweg, obgleich es einen anderen nicht gibt. Die Würde rettet allein der Tod (die „Tragödie", das „Meer") – Rat, Ausweg und Zuflucht aller höheren Liebe.›»[12]

Diese Problematik sollte nicht nur das Leitmotiv von Thomas Manns Gesamtwerk bleiben, sondern auch das reflektorische Kontinuum in Lukács' ästhetischem Riesenwerk. Zugleich liegt hier die Wurzel für Lukács' stetes Begleiten und Interpretieren von Thomas Manns Prosa. Auch der Kierkegaard-Essay spiegelt dieselbe Haltung, gibt auf dem Wege der Interpretation das Verhaltensmuster von Entsagen und Verzicht, von Strenge und Würde als Exempel. Kierkegaards Trennung von der geliebten Regine Olsen ist der Versuch, Maßstäbe des Absoluten dem Leben aufzuzwingen. Aber hier – wie bei Novalis – führt die Suche nach dem Absoluten vom Leben weg: das wirklich Absolute ist Tod. Kierkegaards überanstrengter Anspruch endet in einem leblosen Leben, in einem jahrelangen Sterben. Verherrlichung und Hinnahme des Todes sind nicht nur Resultat dieses Lebens, sie sind Konsequenz und Steigerungsform: einzige Möglichkeit der Erfüllung. Die hohe bürgerliche Kunst verdankt sich einem gesellschaftlichen Praxis-Vakuum, und sie ist Sündenfall.

Nun ist das deutlich der Einfluß von Georg Simmel. In seiner autobiographischen Skizze *Mein Weg zu Marx* berichtet Lukács von seiner Beschäftigung mit dem Philosophen und Soziologen, dessen Schriften er offenbar kannte, bevor er sich bei ihm an der Berliner Universität einschreiben ließ:

Der Einfluß Simmels, dessen persönlicher Schüler ich gewesen bin, gab mir auch die Möglichkeit, das, was ich mir von Marx in dieser Periode aneignete, in eine solche Weltanschauung «einzubauen». Die

Thomas Mann

Sören Kierkegaard. Zeichnung von N. C. Kierkegaard

«Philosophie des Geldes» von Simmel und die Protestantismusschriften von Max Weber waren meine Vorbilder zu einer «Literatursoziologie», in der die notwendigerweise verdünnten und abgeblaßten Elemente aus Marx zwar noch vorhanden, aber kaum erkennbar waren. Ich löste nach Simmels Vorbild die «Soziologie» einerseits von der sehr abstrakt aufgefaßten ökonomischen Grundlage möglichst los, andererseits erblickte ich in der «soziologischen» Analyse nur ein Vorstadium der eigentlichen wissenschaftlichen Untersuchung der Ästhetik («Entwicklungsgeschichte des modernen Dramas» 1909, «Methodologie der Literaturgeschichte» 1910; beide ungarisch). Meine zwischen 1907 und 1911 erschienenen Essays schillerten zwischen dieser Methode und einem mystischen Subjektivismus.[13]

Simmels Begriff von «Leben», sein Versuch, Lebensformen zu Kunstformen in Beziehung zu setzen, sie einerseits in Abhängigkeit voneinander zu sehen, andererseits gegeneinander zu setzen, wird bei Lukács damals sogar noch weniger dialektisch gesehen; Lukács plädiert noch für ein Primat der Form. In den «Rembrandt-Studien» etwa spricht Simmel von dem «dunklen, substantiellen, gleichsam in sich ruhenden Sein» und dessen «kontinuierlich formwechselnden Strömen»[14]. Leben und Form, die metaphysischen Parteien, «die sonst das Wesen der gegebenen Gebilde unter sich aufteilen, erscheinen als gemeinsam gegensätzlich zu jenem freilich kaum bemerkbaren Grundbegriff oder Grundstoff des Seins»[15].

Peter Ludz hat in einer Studie auf Ähnlichkeiten und Verschiedenheiten in den Konzeptionen von Simmel und Lukács aufmerksam gemacht: «Andererseits löst sich bei Simmel die Form von dem strömenden Lebensprozeß und verharrt abgelöst, ‹zeitlos›, ‹entwicklungslos› in ‹ein für alle Mal seiender Phänomenalität›. Simmel verwendet somit zwei Begriffe der Form: einmal ist Form der Ursubstanz des Seins parallel zum Leben direkt zugeordnet, andererseits löst sich die Form vom Leben, das, selbst aus dieser Ursubstanz hervorgegangen, von ihr bewegt wird. Bei Lukács kehrt die doppelte Bestimmung des Formbegriffs wieder ... Die Form ist für ihn – im Unterschied zu Simmel – in dieser vormarxistischen Periode unter dem starken Einfluß Kants absolut vorrangig. Das Leben ist immer schon ein geformtes. Andererseits hebt sich auch bei ihm – trotz der Vorrangigkeit der Form – das Leben als schon historisch-individuell geformtes (‹Lebensform›) vom irrational unter ihm dahinströmenden Urprozeß des Seins – wie auch vom Kunstwerk – als Gestalt (‹Kunstform›), die der Lebensform dann gegenübertritt, ab.»[16]

Lukács «verlängert» Simmels Theorie – und zwar durch seine Beschäftigung mit Hegel. Simmels Kategorie der «Kraft», die zur Überwindung der Wirklichkeit nötig ist, die Hebelgesetz wird zwi-

Georg Simmel

schen Sein und Sollen, findet sich bei Lukács' *Möglichkeit in der Wirklichkeit*, bei seinem – offenbar unter Hegels Einfluß geformten – Begriff der *objektiven Möglichkeit.* Der wird später nicht nur in ästhetischen Überlegungen, sondern vor allem in politischen Konzept-Vorschlägen eine wesentliche Rolle spielen. Was bei Simmel die «Befreiung» heißt – Prozeß der Überwindung von Schuld und Leid –, wird bei Lukács *Freiheit* heißen; es wird Freiheit des Proletariats als Resultat des Klassenkampfes heißen – aber auch *wirkliche Befreiung* der gesamten Menschheit: ein Bildungsprozeß. Lukács' noch zu analysierendes Denkmodell der demokratischen Revolution und einer Elite hat sich hier und jetzt gebildet. Es heißt nicht nur in seinem Aufsatz mit dem bezeichnenden Titel *Taktik und Ethik*, der Klassenkampf des Proletariats sei die Zielsetzung selbst und deren Verwirklichung, sondern er benutzt auch bei der Definition des «Klassenbewußtseins» Max Webers Vokabular: «Die rationell angemessene Reaktion ... die einer bestimmten typischen Lage im Produktionsprozeß zugerechnet wird, ist das Klassenbewußtsein.»[17]

Lukács' intensivste Lehrjahre haben begonnen. Seit 1910 führen ihn Reisen durch Deutschland, Italien und Frankreich, mit längeren Aufenthalten in Florenz und Berlin. Seit 1913 lebt er in Heidelberg, pflegt intensiven Umgang mit Max Weber, beschäftigt sich mit Emil Lask. Über die Heidelberger Zeit gibt es zahlreiche widersprüchliche Dar-

Max Weber

Ernst Bloch

Georg Lukács. Vermutlich Florenz, 1912

Heidelberg

stellungen – manche Quellen sprechen von Zugehörigkeit zum George-Kreis, von dort entstandenen Freundschaften mit Friedrich Gundolf und Ernst Bloch, von Vorlesungen bei Lask und Weber und einer nicht zu Ende geführten Habilitationsschrift über Dostojevskij. Fast die gesamte Literatur über Lukács (bis hin zu jüngsten Tabellen und Vita-Angaben seines Verlages) repetieren das. Deshalb hier eine Richtigstellung – von Georg Lukács:

a) Ich habe nie in Heidelberg studiert. Ich studierte an den Universitäten Budapest und Berlin und promovierte in Budapest 1909.

b) Folglich habe ich, als ich 1912 nach Heidelberg kam, weder bei Lask noch bei Max Weber studiert. Das letztere war umso weniger möglich gewesen, als Max Weber, wie allgemein bekannt, seine Lehrtätigkeit im Jahre 1903 krankheitswegen aufgab und diese erst viel später und nicht in Heidelberg wieder aufnahm.

c) Meine Bekanntschaft mit Bloch stammt nicht «daher». Wir haben uns im Winter 1910 in Budapest kennengelernt und hatten bereits freundschaftliche Beziehungen zueinander, als wir 1912 uns wieder einmal in Heidelberg trafen.

d) Ich hatte nie eine Beziehung zum George-Kreis. Mein Aufsatz wurde dort schroff abgelehnt, vor allem, weil ich darin den «Seher»

George bewußt ignorierte. Zwischen Gundolf und mir bestand ein kalt-höflicher Verkehr; mehr auf Wunsch des Ehepaars Weber, das mit uns beiden befreundet war, als den beiderseitigen Neigungen folgend. Die geplante Habilitation über «Ästhetik und Ethik im Werk Dostojewskis» wurde durch den ersten Weltkrieg unterbrochen.

Dazu muß bemerkt werden, daß ein solcher Plan nie existiert hat. Vor Kriegsausbruch arbeitete ich an meiner Ästhetik; über ihr Schicksal habe ich im Vorwort zur «Eigenart des Ästhetischen» berichtet. Im ersten Kriegsjahr habe ich «Die Theorie des Romans» niedergeschrieben. Was daraus vorliegt, war als Einleitung zu einer geschichtsphilosophischen Darstellung des dichterischen Werks von Dostojewski entworfen. Da ich 1915 zum Militärdienst eingezogen wurde, mußte ich diese Arbeit unterbrechen. Zu ihrer Wiederaufnahme kam es nie mehr.[18]

Lukács ist im wahrsten Sinne «unterwegs». Einerseits kämpften Simmel und Dilthey gegen den Positivismus der Naturwissenschaften, sie optierten für «Geschichte»; Diltheys Wortprägungen «Nacherleben», «Deutung», «Bedeutung» und schließlich «Geisteswissenschaften» waren aus einer gewissen Kampfstellung entwickelt worden. Andererseits wehrte Lukács in späteren Schriften den Psychologismus ab – Wilhelm Dilthey wie Wilhelm Windelband, Heinrich Rickert und auch Georg Simmel trennten Natur und Kultur scharf, und vor allem: sie leugneten streng die Möglichkeiten genuiner Entwicklungsgesetze. Emil Lasks Hauptwerk «Die Logik der Philosophie und die Kategorienlehre», Versuch einer logischen Rechtfertigung des Neuplatonismus und der von ihm konstituierte Zusammenhang von Wert und Wirklichkeit findet sich in deutlichem «Dialog» mit Simmels Geschichts-Ethik und schließlich mit Webers soziologischer Methode: seine «Deutung» gesellschaftlicher Vorgänge bzw. der Rolle des Individuums im gesellschaftlichen Prozeß basiert mit auf deren Vorarbeiten. Lukács' Entwicklung ist Teil dieses Kontests, beeinflußt sowohl von Simmels «Philosophie des Geldes» als auch von Webers Protestantismus-Schriften; er befand sich zwischen einer zwar abstrakten Analyse auf ökonomischer Grundlage und der eigentlichen wissenschaftlichen Untersuchung der Ästhetik. Dazu Morris Watnick: «Weit entfernt davon, der subjektive Idealist seiner späteren ‹Selbstkritik› zu sein, war er eindeutig am stärksten von der semi-phänomenologischen Haltung Emil Lasks in Heidelberg beeinflußt, was danach zu seiner Hinwendung zum objektiven Idealismus Hegels beigetragen hat.»[19]

In diesen Jahren – Sommer 1914 entworfen, Winter 1914/15 niedergeschrieben – entstand sein Buch *Die Theorie des Romans* – zur gleichen Zeit wie Ernst Blochs «Geist der Utopie», Oswald Spenglers «Untergang des Abendlandes» und Rosa Luxemburgs «Spartakusbriefen».

Dieses ist das letzte Buch unter dem adligen Namen Georg von Lukács (bei der Erstveröffentlichung 1916 in Max Dessoirs «Zeitschrift für Ästhetik und Allgemeine Kunstwissenschaft»; die Buchfassung bei Paul Cassirer [Berlin 1920] zeigt zum erstenmal den nun gültigen Autor-Namen Georg Lukács) – es ist auch das letzte vor-marxistische Buch Lukács', ein geschichtsphilosophischer Versuch über die *Formen der großen Ethik.* Es ist Abschluß einer Entwicklung; bis ins private Detail – die Widmung für Jeljena Andrejewna Grabenko galt seiner ersten Frau, von der Lukács sich bald trennen sollte. Er zog in einem Vorwort zur Neuauflage 1962 selber die Summe des Buches:

Die Niederschrift entstand also in einer Stimmung der permanenten Verzweiflung über den Weltzustand.

Ich befand mich damals im Prozeß des Übergangs von Kant zu Hegel, ohne aber an meinem Verhältnis zu den sogenannten geisteswissenschaftlichen Methoden etwas zu ändern; dieses Verhältnis gründete sich wesentlich auf meine Jugendeindrücke, die ich von den Arbeiten Diltheys, Simmels und Max Webers erhielt.

So ist «Die Theorie des Romans» ein typischer Repräsentant der Geisteswissenschaft, ohne über ihre methodologischen Schranken hinauszuweisen. Trotzdem war ihr Erfolg – Thomas Mann und Max Weber gehörten zu ihren zustimmenden Lesern – nicht rein zufällig.

Meines Wissens ist «Die Theorie des Romans» das erste geisteswissenschaftliche Werk, in dem die Ergebnisse der Hegelschen Philosophie auf ästhetische Probleme konkret angewendet wurden.

Ein ... Hegelsches Erbe ist das Historisieren der ästhetischen Kategorien. Auf dem Gebiet der Ästhetik bringt hier die Erneuerung Hegels die wichtigsten Ergebnisse.

Der Verfasser der «Theorie des Romans» ... suchte eine im Wesen der ästhetischen Kategorien, im Wesen der literarischen Formen begründete, historisch fundierte allgemeine Dialektik des Genres, die eine innigere Verknüpfung von Kategorie und Geschichte anstrebt, als er sie bei Hegel selbst vorfand ...

Seine Methode bleibt jedoch vielfach, gerade in sehr wichtigen Zusammenhängen, äußerst abstrakt, losgerissen von den konkreten gesellschaftlich-geschichtlichen Wirklichkeiten.

«Die Theorie des Romans» ist, soweit ich diesen Fragenkomplex zu übersehen imstande bin, das erste deutsche Buch, in welchem eine linke, auf radikale Revolution ausgerichtete Ethik mit einer traditionsvoll-konventionellen Wirklichkeitsauslegung gepaart erscheint.[20]

Die Polarität Kunst–Leben findet in diesem Buch eine andere «Entspannung»: Lukács' «Hauptwort» in der Studie heißt *Totalität.* Es ist nicht mehr von der Bewältigung aller Konflikte – seien es die der Welt, seien es die des Individuums – durch deren Formalisierung die Rede,

Fjodor M. Dostojevskij

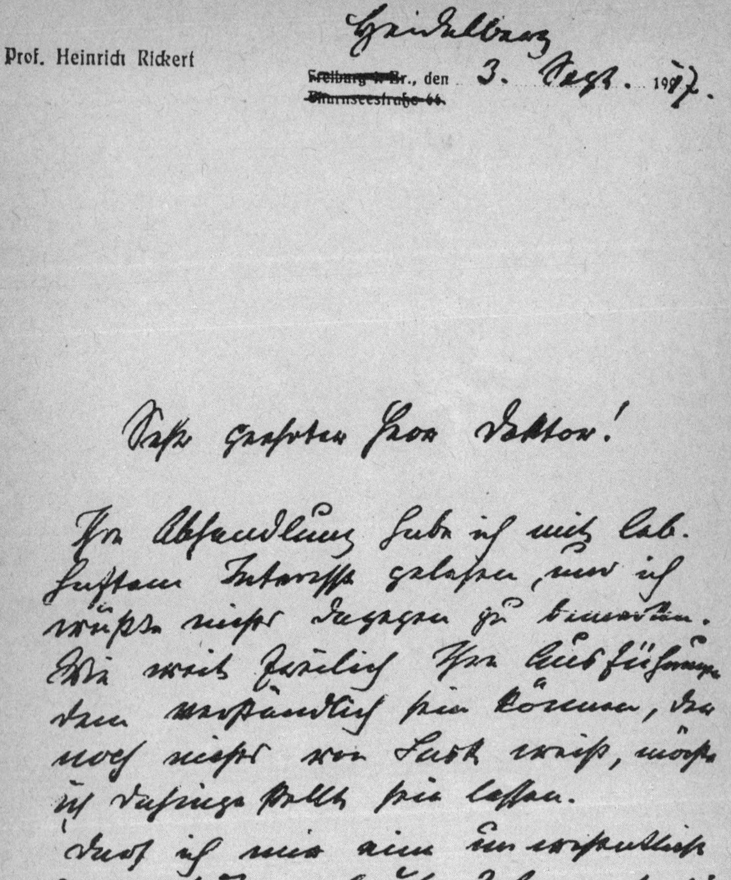

Prof. Heinrich Rickert

~~Freiburg i. Br.~~ Heidelberg, den 3. Sept. 1917.
~~Turnseestraße 64.~~

Sehr geehrter Herr Doktor!

Ihre Abhandlung habe ich mit leb-
haftem Interesse gelesen, und ich
wüßte nichts dagegen zu bemerken.
Wie weit freilich Ihre Ausführungen
dem verständlich sein können, der
noch nichts von Lask weiß, möchte
ich dahingestellt sein lassen.
Darf ich mir eine unwesentliche
Anmerkung erlauben? Unwesentlich,
weil sie nicht Lask betrifft. Sie
sprechen auf S. 3 von „Windelbands
Entdeckung der Eigenart der ge-
schichtlichen Begriffsbildung". So würde
ich nicht sagen, denn gerade das
Wesen der geschichtlichen Begriffsbildung

Heinrich Rickert an Georg Lukács

hat Windelband in seiner mit
Recht berühmten Rede nicht gesehen,
ja das Problem ist fast durch den
Gegensatz von Gesetz und <u>Gestalt</u>
verdeckt. Max Weber ursprünglich
verhielt sich deshalb der Scheidung
gegenüber sehr skeptisch, bis 1902
der zweite Theil meiner „Grenzen"
ihn davon überzeugte, daß es so
etwas wie historische „Begriffe" giebt.
Ich würde daher in der 13. Zeile auf
S. 3 das Wort „Windelbands" durch
das Wort „die" ersetzen. Dann
ist alles einwandfrei.

Auf derselben Seite weiter unten
ist „viel mehr" in <u>einem</u> Wort
geschrieben. Das verwirrt. Wegen
des bald darauf folgenden „vielmehr"
würde ich das erste „viel" fortlassen.

Mit freundlichem Gruss

Ihr ergebener

Rickert.

sondern vom *Auflösen der Gegensätze*. Es ist nicht mehr von *Formen* die Rede, sondern von einer Form – dem Roman, von einem literarischen Genre also. Im vorangegangenen Essayband hatte noch jede spezifisch künstlerische Äußerung ihr Eigenrecht, jede Künstlerpersönlichkeit ihre eigene «Chance»; hier trägt ein ebenfalls neuer Begriff die kunstkritische Reflexion: *Ethik*. Nicht verwunderlich, daß Thomas Mann es war, der sich mit diesem Anspruch der Lukácsschen Kunsttheorie besonders auseinandersetzte, sich in ihm selber erkennend, doch deutlich und zugleich zaghaft jene Bedenklichkeiten andeutend, die ihn später im «Eifervollen» von Georg Lukács eher erschreckten. In den «Betrachtungen eines Unpolitischen» finden sich eben nicht nur jene Ausfälle gegen den Bruder Heinrich Mann, den Zivilisationsliteraten, sondern es findet sich auch jenes Lob für Lukács' Ethik-Primat; denn es sind ja bürgerlich-ethische Charakteristika, die Thomas Mann empfohlen sieht. Es sind letztlich Pfeiler deutscher «Gesinnung und Gesittung» gegen romanische Artistik. Später wird das bei Lukács *Dekadenz* heißen.

Literarische Gattung also als «Lösung» einerseits, als Aufgabe andererseits – in jedem Fall eine Gleichung zwischen Genre und Geist. Der Roman als Mittel, die verborgene Totalität des Lebens aufzudecken und aufzubauen, das ist jetzt Lukács' Hypothese. *Verborgen* heißt noch nicht *verschüttet, entfremdet*; und *Aufbauen* heißt noch nicht *beispielhaft konstruieren* – aber in nuce sind diese Versatzstücke von Lukács' späteren Konzeptionen hier vorhanden. Literatur – auch Philosophie – ist für Lukács in der *Theorie des Romans* eine Sehnsuchtsbeziehung. Was Franz Mehrings spezifische Abhängigkeit von Schillers sentimentalischem Literaturbegriff zeigt, der auf ein hoffnungsvolles «Einst» projezierte Zusammenfall der antagonistischen Widersprüche, das findet sich beim Lukács der Vorkriegszeit:

«Philosophie ist eigentlich Heimweh», sagt Novalis, «der Trieb, überall zu Hause zu sein». Deshalb ist Philosophie als Lebensform sowohl wie als das Formbestimmende und das Inhaltgebende der Dichtung immer ein Symptom des Risses zwischen Innen und Außen, ein Zeichen der Wesensverschiedenheit von Ich und Welt, der Inkongruenz von Seele und Tat. Deshalb haben die seligen Zeiten keine Philosophie, oder, was dasselbe besagt, alle Menschen dieser Zeiten sind Philosophen, Inhaber des utopischen Zieles jeder Philosophie.

Totalität des Seins ist nur möglich, wo alles schon homogen ist, bevor es von den Formen umfaßt wird; wo die Formen kein Zwang sind, sondern nur das Bewußtwerden, nur das Auf-die-Oberfläche-Treten

Interimsausweis vom 30. Januar 1915

Kaiserl. und Königl.
Österreichisch-Ungarisches Konsulat
in Mannheim.

KAISERL. und KÖNIGL
OESTERREICHISCH UNGARISCHES
KONSULAT
CS ÉS KIR. OSZTRÁK-MAGYAR
KONZULÁTUS
MANNHEIM

No. 20

Persons-Beschreibung. giltig als Interimspass

Vor- und Zuname: Dr. Georg von Lukács

geboren: 1885. 13. April

zuständig: Budapest

Bezirk: detto (Ungarn)

Beruf: Privatgelehrter Heidelberg Keplerstr. 28

Ausgestellt zum Zwecke ~~der Beförderung via Stuttgart nach der Heimat auf dem Repatriandenwege.~~ für Reisen in Deutschland bis zur Erlangung eines Reisepasses Gültig für zwei Monate (bis 31. März 1915) fünfzehn

Gestalt: mittel

Gesicht: oval

Haare: braun

Augen: grau

Mund: } proport.

Nase: }

Bes. Kennzeichen: keine

Mannheim, 30 Jänner 1915

№ 69

Es wird hiermit amtlich bestätigt, dass d. m. Inhaber.s tatsächlich die durch obige Photographie dargestellte Person ist und dass er die Unterschrift eigenhändig vollzogen hat.

Mannheim, 30 Jänner 1915

K. u. K. Österr.-Ung. Konsulat.

Unterschrift der Partei:

Dr. Georg von Lukács

Georg Wilhelm Friedrich Hegel

Georg Philipp Friedrich von Hardenberg, gen. Novalis

von allem, was im Innern des zu Formenden als unklare Sehnsucht geschlummert hat; wo das Wissen die Tugend ist und die Tugend das Glück, wo die Schönheit den Weltsinn sichtbar macht.[21]

Der Messianismus des Essay-Bandes wird irdisch, es bleibt nicht bei der Vision der kulturellen Rettung, es werden reale Möglichkeiten einer Veränderung der Welt angedeutet; Lukács hat den Weg von Hegel zu Marx begonnen, vom «refaire sa vie» Rimbauds zu Marx' 11. Feuerbach-These. Wenn er *das letzte vereinigende Prinzip die inhaltlich deutlich gewordene Ethik der schöpferischen Subjektivität*[22] nennt, kann man das fast schon eine politische Forderung nennen, die unter dem hymnischen Vokabular verborgen liegt. Ein neuer Literaturbegriff kündigt sich an im Ausspielen des «Titelhelden» seiner Essays, Novalis, gegen Goethe, den kommenden Heroen seiner Arbeiten: *... und, da Goethes Weg, hier ein ironisch schwebendes, vom Subjekt aus geschaffenes und die Gebilde möglichst nicht antastendes Gleichgewicht zu finden, von Novalis verworfen wurde, blieb ihm kein anderer Weg frei, als die Gebilde in ihrem objektiven Dasein lyrisch zu poetisieren und so eine schöne, harmonische, aber in sich bleibende, beziehungslose Welt zu schaffen, die sowohl mit der endgültigen realgewordenen Transzendenz, wie mit der problematischen Innerlichkeit nur reflexiv, nur stimmungshaft aber nicht episch zusammenhängt und so nicht zur wahren Totalität werden kann.*[23]

DER WEG ZU MARX

Lukács' Krise war die Krise des Bürgertums. Seine Lösung war es nicht: fast datengleich treffen Kriegsausbruch 1914 und *meine zweite intensive Beschäftigung mit Marx zusammen*:

Diesmal standen die philosophischen Schriften der Jugendzeit im Vordergrund meines Interesses, obwohl ich auch die große «Einleitung zur Kritik der politischen Ökonomie» eifrig studierte. Diesmal war es jedoch ein Marx, nicht mehr durch die Simmelsche, wohl aber durch eine Hegelsche Brille gesehen. Nicht mehr ein Marx als «hervorragender Einzelwissenschaftler», als Ökonom und Soziologe. Es «dämmerte» mir bereits der umfassende Denker, der große Dialektiker. Allerdings sah ich auch damals noch nicht die Bedeutung des Materialismus für die Konkretisierung und Vereinheitlichung, für das Konsequentmachen der Probleme der Dialektik. Ich kam nur bis zu einer – Hegelschen – Priorität des Inhalts vor der Form und versuchte, wesentlich auf Hegelscher Grundlage, Hegel und Marx in einer «Geschichtsphilosophie» zu synthetisieren.[24]

Karl Marx

Georg Lukács, um 1915

1915 kehrte Lukács nach Budapest zurück. Da er für den Kriegsdienst untauglich geschrieben wurde, arbeitete er anfangs bei der Briefzensur, reiste noch mehrere Male zwischen Heidelberg und Budapest hin und her, bis er 1917 endgültig in Budapest blieb, wo er Vorlesungen an der von den Soziologen Karl Mannheim und Arnold Hauser sowie seinen späteren Mitstreitern und Gegnern Ervin Szabó und Béla Fogarasi gegründeten «Freischule der Geisteswissenschaften» hielt.

In langen Auseinandersetzungen hatte sich eine Spaltungsbewegung innerhalb der ungarischen Sozialdemokratie vollzogen; unter Béla Kun konstituierte sich am 21. November 1918 die kommunistische Partei Ungarns. Einen Monat später trat Georg Lukács ihr bei. Schon März 1919 ist er stellvertretender, ab Sommer dann allein verantwortlicher Volkskommissar für das Unterrichtswesen in der Räterepublik unter Béla Kun, wird später politischer Kommissar der 5. Roten Division, regelmäßiger Mitarbeiter der «Roten Zeitung» («Vörös Vjsáj») unter der Chefredaktion von László Rudas, und schließlich Mitbegründer des «Forschungsinstituts für Historischen Materialismus» in Budapest.

Sein rapider Aufstieg in der Parteihierarchie ist einer der von nun an zahlreichen Widersprüche, die Lukács' politische Aktivitäten begleiten. Der Widerspruch liegt in seinem politischen Konzept – einem merkwürdigen Amalgam aus seiner Theorie von der *demokratischen Diktatur* und einer gleichzeitig ultralinken Position. Elemente von Syndikalismus, Anarchismus und Elitetheorie mischen sich fast unentwirrbar.

Der theoretische Kopf der linken Sozialdemokratie war Ervin Szabó, ein ebenfalls aus dem jüdischen Bürgertum hervorgegangener Marxist, der in seinen Wiener Studienjahren sich aber auch mit Proudhon, Nietzsche und Kropotkin beschäftigt hatte; beide Elemente – der Marxsche Klassenkampfgedanke wie die moralgesteuerten Anarchismen des revolutionären Syndikalismus – formten sein Denken. In der Budapester Soziologischen Gesellschaft wie an der Zeitschrift «Das XX. Jahrhundert» arbeiteten Szabó und Lukács zusammen. Lajos Kassák, der Herausgeber des zweiten radikalen Blattes, an dem Lukács mitarbeitete, «Heute», beschrieb dieses Nebeneinander von Impulsen und Ideen: «Sie waren Philosophen, Dichter und Ästheten, die sich in den frischen Sturm der Revolution hineinwarfen, jedoch die nachfolgenden Gefechte nicht ertragen konnten . . . Zuletzt ließen sie sich trotzig in den lauen, grundlosen Schlamm ihrer doktrinären, fixen Ideen zurücksinken. Draußen drohten Gefahren, aber sie sammelten sich . . . im Haus der Sowjets, und die endlosen, verbitterten Debatten begannen. György Lukács war dabei, der frühere Philosoph aus Heidelberg, Jósef Révai, der ehemalige Bankangestellte und Ästhet . . . Erwin Sin-

Das Parlament in Budapest

kó, der junge Schriftsteller in der Manier des Tolstojschen Christentums . . . und Elene Andrewna Grabenko, Lukács' russische Frau. Auch einige konfuse Schwärmer gab es. Durch die Luft schwirrten Zitate von Hegel, Marx, Kierkegaard, Fichte, Weber, Jean Paul, Hölderlin und Novalis.»[25]

Lukács, in seinem ethischen Rigorismus, fand vielerlei Berührungspunkte mit Szabó (mit dem er sich auch in dem Kapitel *Partei und Klasse* in dem Werk *Geschichte und Klassenbewußtsein* auseinandersetzt): es war eine Frontstellung gegen die alte reformistische Sozialdemokratie und ebenso gegen eine Parteibürokratie, die «die Klasse verschlungen» hat, wie Szabó es formulierte.

Zu den frühen Gefährten zählten auch László Rudas, der spätere Gegner, und Gyula Alpári, der in den zwanziger Jahren aktiv in die publizistische Auseinandersetzung über «linke Abweichungen» in der deutschen KP eingreifen sollte. Die Idee der «révolte» und «action directe» spielte nicht nur bei Szabó eine wichtige Rolle – auch Lukács' theoretische Position zu dieser Zeit ist allen realpolitischen Taktik-Überlegungen feindlich. Die ethischen Impulse des Ästhetikers Lukács finden sich wieder beim revolutionären Moralisten, der – nach dem

Personalausweis 1917

ist erteilt
engedelme megadat
е дадено
اعطا قلنشدر

Personalangabe
Személyadatok
Лични данни
هویتك بیانی

Inhaber ist wohnhaft in
Tulajdonos lakhelye
Притежателя живѣе въ
صاحبنك محل اقامتى

Budapest

Straße, Utca, улица, سوقاغى

Geboren am
Született
родомъ отъ
تاريخ ولادتى

Alter | **Jahre**
Kora | **év**
възрасть | години
یاشی | قاچ سنه

Geburtsort
Születési helye
Мѣсторождение
طوغدیغی محل

Budapest

Nur gültig im Zusammenhang mit ordnungsmäßigem Paß | **Nr.**
Érvényes csakis a számú rendes útlevéllel
Валидно само въ свръзка съ редовенъ паспортъ
نظامه موافق نومرولی بر پسایورطله برابر اولمق شرطیله معتبردر

Ausgestellt von
Kiállitatott a
Издадено отъ
محل اعطاسی

Béla Kun

Scheitern der Räterepublik – eher resigniert von notwendigen Kompromissen im Interesse des Proletariats sprach. Zweierlei ist deutlich: Lukács überträgt sein Ideal der klassischen Harmonie – also seine ästhetische Konzeption – auf seine politischen Vorstellungen, folgt einem «ethischen Sozialismus Tolstojscher Prägung», wie es József Lengyel nannte[26]; und Lukács beginnt, eine andere Form der Organisation des Proletariats zu sehen, betont mehr und mehr die Rolle des Bewußtseins, der «Vorhut», aber nicht im Leninschen Sinne der organisierten Bürokratie-Avantgarde, sondern einer intellektuellen Führerschicht. Beides geht ineinander über. Nicht zufällig bezieht er sich immer wieder auf Georges Sorel – ein dezisionistischer, gar elitärer Zug zur (später denunzierten) Spontaneität ist deutlich erkennbar.

In seinem Aufsatz *Die moralische Sendung der kommunistischen Partei* fällt der dann in vielen Varianten wiederholte Kernsatz: *Die kommunistische Partei ist der organisatorische Ausdruck des revolutionären Willens des Proletariats.*[27]

Mit dieser Unterordnung der Partei unter den Willen des Proletariats, mit dieser «Platzanweisung» für die Kader der Bürokratie, die ja bis in die Titelgebung den Moralismus seiner Position zeigt, steht Lukács eher auf seiten Rosa Luxemburgs als Lenins. Er plädiert einerseits für eine eigenartige dialektische Identität von Massenbewußtsein und dem Bewußtsein einer intellektuellen Vorhut – andererseits für eine sozialistisch-demokratische statt einer revolutionär-proletarischen Revolution. Die erstere scheint ihm weniger glanzvoll, langsamer – aber mehr auf den Grund gehend und das Wesen der Gesellschaft gründlicher verändernd. Das klingt wie eine «Rechtsabweichung», einsehbar und logisch für den Schüler Lasks und Simmels, in deren Sinne die Balance von Können und Sollen, Möglichkeit und Wirklichkeit nicht aus dem Auge verlierend. In der Praxis aber tat Lukács das Gegenteil: während Béla Kun im Gefängnis saß, übernahm er in den ersten drei Monaten des Jahres 1919 gemeinsam mit einigen Kombattanten die Kontrolle des sogenannten «Zweiten ZK» (er war nicht Mitglied des ZK unter Béla Kun), führte es auf einen extrem linken Kurs und bereitete den bewaffneten Aufstand für Mai 1919 vor (der durch den Rücktritt der Regierung Károlyi hinfällig wurde).

Ilona Duczynska, Freundin von Lenins Gefährtin Angelica Balabanoff und in den Jahren 1917 bis 1920 ein «revolutionärer Kurier», berichtet in der von Rosa Luxemburgs Kampfgenossen Paul Levi herausgegebenen Zeitschrift «Unser Weg» (März 1922), ein repräsentativer Theoretiker, zugleich der geistige Leiter der KP (also offenbar Georg Lukács), habe ihr einmal gesagt: «... die kommunistische Ethik setze uns als höchste Pflicht, das Böse auf uns zu nehmen. Das sei das größte Opfer, das die Revolution von uns erfordere ... Diese dialektische Theorie ... wurde nun von jenem Theoretiker zwar nie veröffentlicht, nichtsdestoweniger verbreitet sich diese ... Geheimlehre ... bis sie schließlich zur halboffiziellen Quintessenz des wahren Kommunismus wurde.»[28]

Seine Gegenposition zu Lenin, später rasch korrigiert, aber dennoch lange Makel und Schandmal für Lukács' Parteikarriere, kam in einem Aufsatz zum Ausdruck, den Lukács drei Monate vor dem Erscheinen von Lenins Buch «Der linke Radikalismus, die Kinderkrankheit im Kommunismus» in der von ihm herausgegebenen Wiener Zeitschrift «Kommunismus» veröffentlichte. Kein Zufall, daß dieser Text in den sechziger Jahren – den Jahren der APO – besondere Aktualität gewann. In zahlreichen Raubdrucken tauchte er wieder auf, und Lenins «Gegenschrift» gab dem Buch der Brüder Cohn-Bendit nicht nur den als Aggressionspunkt verstandenen Titel. Lukács argumentierte auch hier sehr in der Nähe von Rosa Luxemburg, deren These, der Massenstreik sei bereits der revolutionäre Prozeß selber, er weitgehend teilte (beiläufig eine These, die von der IV. – Trotzkistischen – Internationale, vor allem deren theoretischem Kopf Ernest Mandel, in den sechziger und siebziger Jahren vertreten wird).

Lukács' Linksradikalismus kam im anti-parlamentarischen Gestus des Aufsatzes zum Ausdruck: *Wenn wiederholt von der großen Geschmeidigkeit der kommunistischen Taktik gesprochen wurde (wenigstens das betreffend, was diese sein sollte), so darf zum richtigen Verständnis dieses Satzes nicht vergessen werden, daß das Unstarre der kommunistischen Taktik die direkte Folge der Starrheit der Prinzipien des Kommunismus ist.*[29]

Interessant ist, wie sehr gerade an dieser Frage der Wahlbeteiligung und des Parlamentarismus sich die Geister schieden: Im Juni 1920 – also gleichzeitig mit Lenins Broschüre über den Linksradikalismus – veröffentlichte in derselben Zeitschrift Paul Friedländer einen gemäßigten Artikel, der eine grundsätzliche anti-parlamentarische Strategie nicht mit der Taktik der Wahlenthaltung identifiziert sehen wollte; Friedländer war der Parteiname von Ernst Reuter. Schon früher aber hatte Anton Pannekoek in der von ihm und Henriette Roland-Holst herausgegebenen internationalen marxistischen Rundschau «Vorbote» die gleichen Thesen wie Lukács vertreten. Lukács war von dem holländischen Sozialisten stark beeinflußt. Lenins Abwehr von Lukács' Thesen war kurz, scharf und eher feindlich, Béla Kuns Kritik des Lukács-Artikels wurde gelobt: «Der Artikel von G. L. ist ein sehr radikaler und sehr schlechter Artikel. Der Marxismus darin ist ein Marxismus der bloßen Worte. Die Unterscheidung zwischen ‹defensiver› und ‹offensiver› Taktik ist ausgeklügelt. Es fehlt eine konkrete Analyse ganz bestimmter historischer Situationen. Das Wesentlichste (die Not-

Vom Geld ist die Rede, von wem noch?

 «Sie sind die stärkeren . . .

... denn sie haben das Geld.» So klagte Baudu über die Konkurrenz eines Kaufhauses, in einem Roman des Mannes, von dem hier die Rede sein wird.

Er wurde in Paris geboren, im selben Jahr wie Daudet oder August Bebel. Der Vater war Ingenieur, halb Italiener, halb Grieche. Er starb, als sein einziger Sohn Edouard Charles Antoine noch ein kleiner Junge war, und hinterließ der Familie nicht mehr als einen laufenden Prozeß gegen die Stadtverwaltung von Aix. In diesem Provence-Städtchen wuchs der Junge auf, bevor er 18jährig nach Paris ging und eine Bürostelle annahm. Acht Jahre später gab er das Dasein eines Angestellten auf und lebte fortan nur noch der Literatur – und von ihr. Zwölf Jahre lang schrieb er Roman um Roman, alle von gutem, aber nicht überwältigendem Erfolg. Dann brachte ihn ein Trinkerroman an die Spitze – er wurde der meistbesprochene, meistgelesene, meistgekaufte Romancier seines Landes. Der literarische und finanzielle Erfolg wurde von seinen beiden folgenden Werken noch übertroffen.

Der Mann war knapp 58, als er – der zeitlebens kein Blatt vor den Mund noch vor die Feder nahm – in der Zeitschrift Aurore einen fulminanten Brief veröffentlichte und damit in ein schwebendes Verfahren eingriff. Der Autor wurde selber verurteilt, legte Berufung ein, und genau an seinem 58. Geburtstag hob der Kassationshof den Prozeß auf. Ein Vierteljahr später wurde das Verfahren erneut aufgenommen. Der Autor floh ins Ausland, ohne das Urteil abzuwarten. Ein Jahr später kehrte er nach Frankreich zurück.

Er lebte nur noch drei Jahre. An einem Septembermorgen des Jahres 1902 fand man ihn tot im Bett, erstickt am Qualm eines defekten Kamins. Von wem war die Rede?

(Alphabetische Lösung: 26–15–12–1)

wendigkeit, alle Arbeitsgebiete und Einrichtungen, durch welche die Bourgeoisie ihren Einfluß auf die Massen ausübt usw., zu erobern und erobern zu lernen) bleibt unberücksichtigt.»[30]

Die Auseinandersetzung ist wohl nie wirklich ausgetragen worden. Lukács zog zurück, versuchte sein ganzes Leben – nicht nur mit der 1924 erschienenen Broschüre über Lenin – sich als guter Leninist und Bewahrer des politischen wie ideologischen Erbes von Lenin zu beweisen. Einer Analyse der theoretischen Grundstrukturen hält diese proklamierte Haltung nicht stand. Man muß die Divergenz in einem größeren, ideologiekritischen Zusammenhang sehen.

Lenin hatte schon 1908 sein philosophisches Hauptwerk «Materialismus und Empiriokritizismus» publiziert, ein Angriff auf den Materialisten Ernst Mach. Schon bei Mach und den zeitgenössischen Positivisten findet sich der Versuch, die materialistische Wiedergabe der Dingwelt in den Denkprozeß hineinzuverlagern – also die objektive Realität der Dinge zu verneinen, physikalische Vorstellungen abhängig zu machen von der subjektiven Sinneserfahrung. Dieses subjektivistische Element spielt, in vielen Varianten, eine Rolle bei Denkern wie Georges Sorel oder Pjotr A. Kropotkin, bei Alexander A. Bogdanow, später bei Benedetto Croce, Antonio Labriola, Antonio Gramsci, Anton Pannekoek, Karl Korsch und – Georg Lukács. Hier ist die «Ahnenreihe» der politischen Philosophie Lukács' zu sehen. Gerade die italienische Entwicklung ist von besonderer Stringenz – nicht nur weil der Faschismus sich dort früher etabliert hatte, sondern weil das intellektuelle Konzept eines freiheitlichen Marxismus bis zu akuten politischen Konsequenzen geführt hat. Die heutige, unabhängige Position der Kommunistischen Partei Italiens – bis hin zu Protesten gegen die Invasion der Tschechoslowakei oder das Strangulieren von Denkern wie Robert Havemann – hat eine Genesis. Georg Lukács, Jahrzehnte später intellektueller Führer der ungarischen Liberalisierungsversuche, kann ohne diesen theoretischen Zusammenhang nicht verstanden werden. Die Mischung aus materialistischen Denkansätzen, syndikalistisch-anarchistischen Vorstellungen und elitärem Idealismus findet sich bei Benedetto Croce und seinem römischen Lehrer, dem frühsozialistischen Rechtsprofessor und Philosophen Antonio Labriola. Einer von Labriolas frühen Essays über den Sozialismus wiederum ist in Form mehrerer Briefe an Georges Sorel abgefaßt. Dessen Hauptwerk «Réflexions sur la violence» [«Über die Gewalt»] erschien 1908 noch vor der französischen Originalausgabe durch Vermittlung Croces auf italienisch. Sorel muß als einer der Väter des Syndikalismus gesehen werden, er war Sekretär der 1892 gegründeten Fédération des Bourses du Travail und Initiator für die Gründung der Confédération Générale du Travail 1895; in deren Programm nahm der Generalstreik als revolutionäres Kampfmittel einen bevorzugten Platz ein. Gleichzeitig erstrebte Sorel – zeitweise gemeinsam mit Labriola und Croce – «eine Bildungsrevolution», und sei es als Interpret und Popularisator von Marx.

Beide Elemente, der Streik als spontanes Kampfmittel, als Zelle des Klassenbewußtseins, und die «Revolution von oben» – nämlich durch den Kopf – werden sich bei Rosa Luxemburg und Georg Lukács finden; nicht zuletzt hat der Räte-Gedanke hier seine Ursprünge. Sorels Mitarbeit an zahlreichen Zeitschriften materialistischer oder marxistischer Prägung brachte ihn nicht nur in Kontakt mit den führenden Theoretikern wie Friedrich Engels, Karl Kautsky, Eduard Bernstein, August Bebel oder Jean Jaurès (die beispielsweise alle an der «Ere Nouvelle» mitarbeiteten), sondern führte ihn selber nahe an den Marxismus heran. Die vierte Auflage seiner «Réflexions sur la violence» erweiterte Sorel 1919 durch den Aufsatz «Pour Lenine».

Ein Kuriosum mag die vielästige Verzweigung der gegenseitigen Einflüsse illustrieren. Labriola, einer der kenntnisreichsten Marx-Interpreten seiner Zeit, wandte sich 1898 scharf gegen Bernstein, brach aber gleichzeitig mit Croce und Sorel; der hatte aber noch 1897 das Vorwort für die französische Übersetzung von Labriolas Hauptwerk «Essais sur la conception matérialiste de l'histoire» geschrieben. In dieser Ausgabe las das Buch 1898 ein neunzehnjähriger Häftling im Gefängnis von Odessa und wurde durch diese Lektüre endgültig Marxist; er nannte sich Trotzki.

Auch Georgij W. Plechanow setzt sich kritisch mit Labriola auseinander, sieht ihn allerdings auf dem Standpunkt des Enzyklopädisten. Croce, der sich später vom Marxismus abwendet, ihn nicht mehr als Philosophie anerkennt, sondern den historischen Materialismus als hermeneutischen Wert, sozusagen als Forschungsmethode gelten lassen will – Croce arbeitet gleichwohl mit vielen materialistischen Theoretikern zusammen. Der italienische Marx-Übersetzer Giovanni Gentile, prominenter Schüler Labriolas und Hauptmitarbeiter an der Zeitschrift «Critica», greift während dieser Zeit den Terminus «Philosophie der Praxis» auf, den Mitte des 19. Jahrhunderts der polnische Hegelianer August von Cieszkowski geprägt hatte – und der die Hauptchiffre für das Lebenswerk Gramscis werden sollte. (Die beiden wichtigsten Arbeiten über das «Kapital» erschienen als Ergebnis eines Preisausschreibens der königlichen «Academia Fontaniana», zu dem Croce 1897 angeregt hatte.)

Gramsci steht deutlich in Abhängigkeit von dieser idealistischen und auch revisionistischen Rezeption des Marxismus. Tatsächlich geht Gramsci in allen seinen wichtigen Aufsätzen, auch der späteren Jahre, vor allem auf Labriola und Croce zurück. Der immer wieder auftau-

Antonio Gramsci

chende Widerspruch gegen Orthodoxie und Katechisierung (ein Konzept, das wesentlich als Bedenken gegen Stalin verstanden werden muß) ist von frühesten Entwicklungsphasen bis zu Gramscis Ende in allen seinen Schriften ablesbar und hat damit zweifellos entscheidende Impulse bei der Entwicklung des italienischen Kommunismus ausgelöst. In zahlreichen Schriften Gramscis wird dieser theoretische Ansatzpunkt deutlich, der sich auch immer wieder als bremsender, gelegentlich nahezu protestierender Einwand gegen flachen Pragmatismus liest. Obwohl Gramsci sein Hauptwerk (nicht nur aus Gründen der Zensur, da ja seine Arbeiten im Gefängnis entstanden) «Philosophie der Praxis» nennt, wehrt er sich doch gleichzeitig in eben diesem Buch dagegen, daß die Theorie nur als Komplement, als Zubehör der

Praxis verstanden wird, gar als Markt der Praxis. Der geschichtliche Prozeß vollzieht sich für Gramsci in zwei Stufen – dem Denken der Masse, das Handeln ist, und dem Handeln des Intellektuellen, das Denken ist; bei dieser Gleichung von Theorie und Praxis hat die intellektuelle Führung deutliche Präferenz – ein gewisser elitärer Zug im politischen Konzept Gramscis ist unleugbar. Selbst der Aufbau der Parteiorganisation stellt sich für Gramsci dreistufig dar, wobei nach der disziplinierten Parteimasse und den mittleren Funktionären die Parteiführung offensichtlich mit einer intellektuellen Elite identifiziert wird; diese Führungsschicht ermöglicht praktisch erst den Aufbau einer Organisation.

Der Marxismus Gramscischer Prägung ist nicht nur stark intellektualistisch, sondern auch individualistisch. Kein Zufall, daß in einem anonymen Artikel der von Karl Korsch herausgegebenen Zeitschrift «Kommunistische Politik» in diesem Zusammenhang besonders auf Henri Barbusse Bezug genommen wurde. Barbusse war ja Sekretär der französischen Sektion des Internationalen Büros für Literatur, die von ihm herausgegebene «Le Monde» wurde auf dem Moskauer Kongreß 1932 heftig angegriffen – vor allem von der deutschen Linken, von Lukács' Emigrationsgefährten Andor Gábor. In dem Artikel heißt es: «Der ‹otso-novistische› Idealismus des ‹Ordine nuovo› hat eine gewisse Verwandtschaft und Affinität mit dem deistischen Idealismus eines Barbusse in der heutigen französischen kommunistischen Bewegung, wenn man daran denkt, wie beide herabsteigen zu dem Proletariat, das in seinem ‹instinktiven Klassenbewußtsein in primitiver Weise revolutionär› ist. Der idealistische und volontaristische Ordinovismus, der die materialistische Dialektik unterscheiden kann und somit Marx mit Hegel verwechselt (hierbei übrigens in voller Übereinstimmung mit dem Professor Benedetto Croce), hat sich im Anfang mit extremistischen Federn geschmückt: Wahlenthaltung, Betriebsräte etc.»[31]

Auch hier, wie bei fast allen Auseinandersetzungen der II. Internationale, begegnet man jenem Phänomen der Ungleichzeitigkeit: verschiedene, sich widersprechende Konzepte bestehen nebeneinander, werden gleichzeitig kritisiert und weiterentwickelt. So ist beispielsweise zu erkennen, daß die kritischen Kategorien Korschs auch von Gramsci aufgenommen wurden; er sieht wie Korsch – und zeitweise Lukács –, daß auch der Marxismus als Teil des Überbaus Ideologie im Sinne des falschen Bewußtseins werden, also nur «Philosophie der Praxis» bleiben kann, wenn er sich dem eigenen Denkanspruch – der kritischen Revision – unterzieht. Ob Gramsci überhaupt die beiden wichtigsten Bücher zum Thema, Lukács' *Geschichte und Klassenbewußtsein* und Korschs «Marxismus und Philosophie», kannte, die 1923 bzw. 1924 erschienen waren, ist nicht belegt. Der russisch-französische Komintern-Mitarbeiter Victor Serge berichtet in seinen Erinnerungen von seiner Freundschaft mit Lukács und Gramsci; Lukács findet sich am Rande in Gramscis «Quaderni» erwähnt.

Christian Riechers hat in seiner Arbeit «Antonio Gramsci – Marxismus in Italien» nachgewiesen, wie etwa in der Abwehr von Bucharins Verurteilung aller bisherigen Philosophie Gramsci und Korsch fast gleichlautend argumentieren; Gramsci wehrt sich besonders emphatisch gegen diesen Bruch mit der Tradition. Dieses Aufgreifen von Traditionen versteht sich bewußt auch als Fortsetzen politischer Traditionen. Gramscis politisches Konzept ist das der jakobinischen Revolution. Bogdanows Vorstellung, einer sozialen Revolution müsse die kulturelle vorangehen – er hatte sogar den Plan einer «Proletarischen Enzyklopädie» –, wird von Gramsci aufgegriffen. Dieser Gedanke einer neuen, integralen Massenkultur, die die aufklärerischen Elemente des französischen 18. Jahrhunderts wie die deutsche Reformation, zugleich aber die Klassizität der griechischen Kultur und der italienischen Renaissance besitzt, ist Gramscis Ideal. Es ist eine Kultur, die Robespierre und Kant zur Synthese vereint.

Der idealistische Grundzug ist deutlich. Von Robespierre und den Enzyklopädisten ist die Rede, nicht von den Assignaten und der neuen Bodenordnung; von Luther oder Kant, nicht von den Bauernkriegen oder dem Ende deutscher Kleinstaaterei.

Es ist durchaus kein Zufall, daß Lenin schon 1908 in einem Brief an Gorki außerordentlich feindselig auf Bogdanows Ideen reagiert hat:

«Bogdanows philosophische Schriften habe ich seit seinem energetischen Buch über die ‹Historische Auffassung der Natur› verfolgt, das ich während meines Aufenthalts in Sibirien studiert habe. Für Bogdanow war diese Position nur ein Übergang zu anderen philosophischen Ansichten. Seine persönliche Bekanntschaft machte ich 1904, wobei wir einander sofort Präsente machten . . .

Und sogleich (im Frühjahr oder zu Beginn des Sommers 1904) schrieb ich ihm aus Genf nach Paris, er habe mich durch seine Schriften gründlich davon überzeugt, daß seine Ansichten falsch und die Ansichten Plechanows richtig sind.

Mit Plechanow habe ich mich, als wir zusammen arbeiteten, des öftern über Bogdanow unterhalten. Plechanow setzte mir die Unrichtigkeiten der Bogdanowschen Ansichten auseinander, hielt jedoch diese Abweichung durchaus nicht für schrecklich groß.

Im Gefängnis schrieb Bogdanow Anfang 1906 ein weiteres Buch – ich glaube, den dritten Teil des ‹Empiriomonismus›. Im Sommer schenkte er es mir, und ich begann es aufmerksam zu lesen. Nachdem ich es gelesen hatte, packte mich eine ungeheure Wut: es wurde mir noch klarer, daß er sich auf einem grundfalschen, unmarxistischen

Lenin

Weg befindet. Ich schrieb ihm damals eine ‹Liebeserklärung›, ein Brieflein über Philosophie im Umfang von drei Heften. Dort setzte ich ihm auseinander, daß ich in der Philosophie natürlich nur ein einfacher Marxist sei, daß mich aber gerade seine klaren, populären, vortrefflich geschriebenen Arbeiten endgültig davon überzeugt haben, daß im Wesen der Sache er unrecht und Plechanow recht hat...

Nein, das ist kein Marxismus!... Dem Leser weismachen, daß der ‹Glaube› an die Realität der Außenwelt ‹Mystik› sei, Materialismus und Kantianertum aufs schändlichste durcheinanderwerfen, eine Abart des Agnostizismus (den Empiriokritizismus) und des Idealismus (den Empiriomonismus) predigen – die Arbeiter ‹religiösen Atheismus› und ‹Vergöttlichung› der höchsten menschlichen Potenzen lehren, – erklären, daß die Engelssche Lehre von der Dialektik Mystik sei, aus der stinkenden Quelle irgendwelcher französischer ‹Positivisten› schöpfen – Agnostiker oder Metaphysiker, hol sie der Teufel, mit einer ‹symbolischen Erkenntnistheorie›! Nein, das ist zuviel! Natürlich, wir, einfache Marxisten, sind in der Philosophie nicht belesen, aber warum muß man uns das antun, daß man uns etwas Derartiges als Philosophie des Marxismus auftischt.»[32]

Hier sind Zusammenhänge mit theoretischen wie taktisch-politischen Gedanken von Georg Lukács zu sehen. Selbst in den Konzepten seiner holländischen Syndikalistenfreunde findet sich dieser «Bazillus». Der Satz von Pannekoek: «So wie der technische Aufbau des Kapitalismus nicht möglich ist ohne die Ergebnisse der Naturwissenschaft, so ist der organische Aufbau des Kommunismus nicht möglich ohne die Ergebnisse der Gesellschaftswissenschaft»[33] – dieser Satz könnte eine Formulierung von Lukács sein. Er stammt aus Pannekoeks Abrechnung mit Lenin, von dessen «bürgerlich» gewordener Revolution sich Pannekoek getrennt hatte; sein Buch «Lenin als Philosoph», eine glanzvolle Polemik gegen Lenins «Empiriokritizismus», ist im wesentlichen eine Untersuchung, warum im Politischen wie im Denkgebäude der sowjetischen Revolution – will sagen: schließlich der Sowjet-Union – keine echte Dialektik, kein «marxistisches Überprüfen» der eigenen Positionen zu finden ist. Mit einem Wort: wo liegen die Wurzeln des Stalinismus? Lukács hat zwar – zu Stalins Zeiten versteckt, später offen – gegen Stalin und den Stalinismus polemisiert, er hat auch – wie noch zu zeigen sein wird – gelegentlich Stalins Politik theoretisch gerechtfertigt; er hat aber nie eine so radikale, «an die Wurzeln gehende» Überlegung wie Pannekoek ausgeführt – obwohl dessen Position ihm nicht fremd gewesen sein kann, eine Position, die sich gegen autoritäre Abwehr spontaner Organisationsformen ebenso wandte wie gegen die Kombination kapitalistischer Praktiken mit sozialistischer Ideologie oder gegen den absoluten Führungsanspruch der Kaderpartei. Pannekoek schreibt: «Es besteht die weitverbreitete Meinung, daß die bolschewistische Partei marxistisch war und daß Lenin, als der große Vertreter des Marxismus, nur den praktischen Notwendigkeiten Rußlands entsprechend, dort nach der Revolution etwas anderes durchführte, als was in Westeuropa Kommunismus hieß; und daß sich darin sein klarer, realistischer, marxistischer Blick zeigte. So wird denn auch versucht, die despotische Staatspraxis des neuen Rußland in Widerspruch zu den guten marxistischen Prinzipien des alten Bolschewismus zu setzen. Diese Meinung ist unrichtig. Der Marxismus Lenins und der bolschewistischen Partei ist eine Legende. Lenin hat den wirklichen Marxismus nie gekannt. Wo hätte er ihn hernehmen sollen? Den Kapitalismus kannte er nur als Kolonialkapitalismus, die soziale Revolution nur als den Sturz eines Grundherren- und Zarendespotismus. Der russische Bolschewismus konnte den Weg des Marxismus nicht verlassen; denn er ist nie marxistisch gewesen. Das beweist jede Seite des Leninschen Buches; und der Marxismus selbst, durch seinen Satz, daß theoretische Anschauungen durch die gesellschaftlichen Verhältnisse und Notwendigkeiten bestimmt werden, beweist, daß es nicht anders sein konnte. Der Marxismus zeigt aber zugleich die Notwendigkeit dieser Legende; jede bürgerliche Revolution braucht die Illusion, daß die russische Revolution der Anfang der proletarischen Weltrevolution sei, und dazu gehörte die Legende des Marxismus. Natürlich bleibt Lenin ein Schüler Marxens, in dem Sinne, daß seine wichtigsten Ansichten, ohne welche der Kampf in Rußland nicht zu führen war, dem Marxschen Werk entnommen sind; wie ja auch aus ähnlichen Gründen die Sozialdemokraten Schüler von Marx sind. Und es bleibt auch richtig, daß der praktische Kampf des russischen Proletariats, das die erste und wesentlichste Kraft der Revolution war, in seinen politischen Massenstreiks und seiner Sowjetorganisation noch immer das lehrreichste Vorbild moderner proletarischer Aktion ist. Daß aber Lenin den Marxismus als Theorie der proletarischen Revolution nicht verstand, daß er das Wesen des Kapitalismus, der Bourgeoisie, des Proletariats in seiner höchsten Entwicklung nicht verstand, das zeigte sich, sobald nach 1917 von Rußland aus, durch die III. Internationale, das westeuropäische Proletariat zur ‹Weltrevolution› geführt werden sollte, und auf die Warnungen der Marxisten des Westens nicht geachtet wurde. Die lückenlose Reihe von Mißerfolgen, Blunders und Niederlagen, deren Folge die heutige Schwäche und Verwirrung der Arbeiterbewegung ist, zeigt die völlige Unzulänglichkeit jener Führung.»[34]

Die erste Rezension, die dieses 1938 in Amsterdam unter dem Pseudonym J. Harper publizierte Buch erhielt, erschien unter den Initialen l. h. auf englisch in der von Paul Mattick in Chicago herausgegebenen

Stalin

Zeitschrift «Living Marxism». Ihr Autor hieß Karl Korsch. Darin hieß es: «Dieser Irrtum besteht darin, daß der kämpferische Charakter einer revolutionären materialistischen Theorie gegen die schwächenden Einflüsse anderer offensichtlich feindlicher theoretischer Tendenzen mit allen Mitteln durchgehalten werden kann und muß – bis zum Ausschluß von Modifikationen, die durch weitere wissenschaftliche Kritik und Forschung unabweisbar werden. Diese falsche Konzeption veranlaßte Lenin, der Diskussion über die Verdienste solcher neuen wissenschaftlichen Begriffe und Theorien auszuweichen, die seinem Urteil nach den erprobten Kampfwert dieser revolutionären (wenn auch nicht notwendig proletarisch-revolutionären) materialistischen Philosophie gefährdeten, die seine marxistische Partei weniger von Marx und Engels als von deren philosophischen Lehrern, den bürgerlichen Materialisten von Holbach bis Feuerbach und ihrem idealistischen Gegenspieler, dem dialektischen Philosophen Hegel, übernommen hatte. Er zog es vielmehr vor, bei seinem Konzept zu bleiben, indem er den unmittelbar praktischen Nutzen einer vorhandenen Ideologie ihrer theoretischen Wahrheit in einer sich verändernden Welt überordnete. Diese doktrinäre Haltung Lenins läuft übrigens parallel zu seiner politischen Praxis. Sie entspricht seinem unerschütterlich jakobinischen Glauben, daß man sich auf eine gegebene politische Form (einer Partei, einer Diktatur oder eines Staates), die für die Ziele einer bürgerlichen Revolution in der Vergangenheit für nützlich befunden wurde, auch im Hinblick auf die Ziele einer proletarischen Revolution verlassen kann: in seiner revolutionären materialistischen Philosophie wie in seiner revolutionären jakobinischen Politik. Lenin verschloß sich vor der historischen Wahrheit, daß seine russische Revolution, trotz ihres zeitweiligen Versuchs, ihre besonderen Schranken im Verein mit den gleichzeitigen revolutionären Bewegungen der proletarischen Klasse im Westen zu durchbrechen, in Wirklichkeit dazu verdammt war, ein verspäteter Nachkömmling der großen bürgerlichen Revolutionen der Vergangenheit zu bleiben.»[35]

NAPHTA IM EXIL

Das ist im Bewußtseinsstand wie im kritischen Referat identisch mit Lukács. In seinem Aufsatz mit dem bezeichnenden Titel *Taktik und Ethik* (1919) definierte dieser die Beziehung zwischen Partei und Klasse als *dialektischen Gegensatz*, der erst *in der höheren Einheit des einheitlichen Proletariats als einer in der Gesellschaft herrschenden*

Die Führungsschicht der Bolschewiki. Montage

Klasse aufgehoben ist[36], was wiederum ein Organisationsverständnis sehr in der Nähe Rosa Luxemburgs ist. In ihrer Auseinandersetzung mit Lenin hatte Rosa Luxemburg die Ansicht vertreten, Organisation sei Folge und nicht Voraussetzung des revolutionären Prozesses, das Proletariat bilde sich zur Klassenorganisation im und durch den Prozeß der Revolution (deren Initialzündung auch wesentlich von einer bewußteren Schicht, nämlich der intellektuellen Elite, komme).

In zahlreichen Veröffentlichungen variiert Lukács dieses Konzept, offenbart seine Verachtung für jegliche Parteibürokratie – die er als Negativbild des absterbenden Kapitalismus sieht – und entwickelt zweierlei Definitionen von Partei: einmal als Organisation, zum andern als *geschichtliche Gestalt und handelnde Trägerin des Klassenbewußtseins*[37]. Dies ist eine der zentralen Definitionen seines Buches *Geschichte und Klassenbewußtsein*, das sofort nach seinem Erscheinen 1923 im Berliner Malik-Verlag eine bis auf den Tag währende Wirkung auslöste – zu vergleichen vielleicht Martin Heideggers polemischem Gegenbuch «Geist und Zeit» und Karl Korschs «Marxismus und Philosophie» (das dem Autor sofort den Parteiausschluß einbrachte).

Vor allem das umfangreiche Kapitel *Rosa Luxemburg als Marxist* wiederholt immer wieder die These vom *Klassenbewußtsein als Ethik des Proletariats* und der Kraft der Partei als *eine moralische*[38]. Hier hat sich die ästhetische Konzeption endgültig zum politischen Konzept gewandelt, der Begriffsapparat – also der Denkansatz – ist aber gleich geblieben; *Totalität* ist noch immer Hauptwort (*Die Herrschaft der Kategorie der Totalität ist der Träger des revolutionären Prinzips in der Wissenschaft*[39]); und aus dem problematischen Menschen, dem Künstler, ist der *Partisan* geworden. Dieser «Titel» wird von nun ab in Lukács' Ideologie eine wichtige Rolle spielen. Peter Ludz charakterisiert diese neue Kategorie:

«Lukács' Auffassung von Partei und Klasse korrespondiert eine bestimmte Vorstellung von der Rolle des ‹Führers› im revolutionären Prozeß. Diese Auffassung gipfelt – in der Periode nach dem zweiten Weltkrieg – im Begriff des Partisanen. Sie reicht jedoch weit in Lukács' vormarxistische Phase zurück.

Lukács wies den politischen Führern der Arbeiterbewegung, jedenfalls soweit es sich um politisch institutionalisierte Parteiführer, also Parteifunktionäre, handelte, im dynamischen Prozeß der Emanzipation des Proletariats eine sekundäre Rolle zu: ‹Die „Führer" [gemeint sind die Führer der sozialdemokratischen und kommunistischen Partei in Ungarn 1919. P. L.] waren nur die Vollstrecker dieses einheitlichen, sich auf Einheit richtenden Willens. Sie gaben diesem Willen nur eine theoretische Form, die sich dann im Handeln des Proletariats ... offenbarte.› Dieser Gedanke ist offensichtlich nicht auf Lenins Konzeption der ‹Avantgarde› zurückzuführen. Er ist vielmehr stark an Szabós These, daß ‹jeder gesellschaftliche Fortschritt ... ein Verdienst von kritisch denkenden Persönlichkeiten› sei, orientiert ...

Lukács' niemals ganz aufgegebene syndikalistisch-anarchistische, durch seine ethisch-rigoristische Auffassung noch verstärkte Abneigung gegen jede Institutionalisierung der Arbeiterbewegung, also gegen jede verfestigte politische Herrschaft, hat zwar nichts mit der Ablehnung von Eliten überhaupt zu tun. Für ihn sind sie jedoch nicht, wie für Lenin, die Parteiführer, also die politischen Eliten, die ‹richtigen› Schöpfer und Träger des revolutionären Prozesses; denn sie sind der Parteibürokratie zu stark verbunden und konnten deshalb, wie das Beispiel Béla Kun zeigt, den revolutionären Prozeß nicht als Ganzes erkennen. Vielmehr sollen jene geistigen Eliten an der Spitze der Revolution stehen, die mit Hilfe ihres theoretischen Bewußtseins die nur spontan-revolutionären Massen aus ihrer bloßen Spontaneität ‹erlösen›, zur bewußten Aktion und damit zur kollektiven Beherrschung des sozialen Prozesses führen können.»[40]

Kein Zufall, daß Lukács im 1967 verfaßten Vorwort zur Neuauflage des Buches immer wieder diesen Begriff des Partisanen strapaziert; selbst die erwähnte Ungleichzeitigkeit, Widersprüchlichkeit von Denken und Handeln begreift Lukács gern unter diesem Titel: *Ohne hier selbst auf die wichtigsten und oft auch theoretisch interessanten Einzelheiten dieser inneren Parteikämpfe eingehen zu können, will ich nur darauf aufmerksam machen, daß der methodologische Zwiespalt in meinem Denken sich zu einem theoretisch-praktischen steigerte: ich blieb in den großen internationalen Fragen der Revolution weiter ein Anhänger von ultralinken Tendenzen, während ich als Mitglied der Führung in der ungarischen Partei zum erbitterten Gegner des Kunschen Sektierertums wurde. Das zeigte sich besonders kraß im Frühjahr 1921. Auf ungarischer Linie vertrat ich in Gefolgschaft von Landler eine energisch antisektiererische Politik, und gleichzeitig war ich international ein theoretischer Anhänger der März-Aktion. Damit war der Gipfelpunkt dieser Simultaneität von entgegengesetzten Tendenzen erreicht.*[41]

Geschichte und Klassenbewußtsein galt jedenfalls sofort als das Buch eines Ketzers. Sein Einholen Hegelscher Kategorien, die Überwindung des Gegensatzes zwischen äußeren objektiven Tatsachen und subjektiver Reflexion durch eine Gruppe – nein: eine Klasse –, dieses gänzlich neue Konzept einer Subjekt–Objekt-Identität waren genauso häretisch wie sein Bezug auf Marx' und Engels' Ausdeutung von Kant und Hegel. Lenin hatte weitgehend Engels' Thesen zu Kant übernommen, er war überzeugt, daß man Fichte nicht zu lesen brauchte – seine

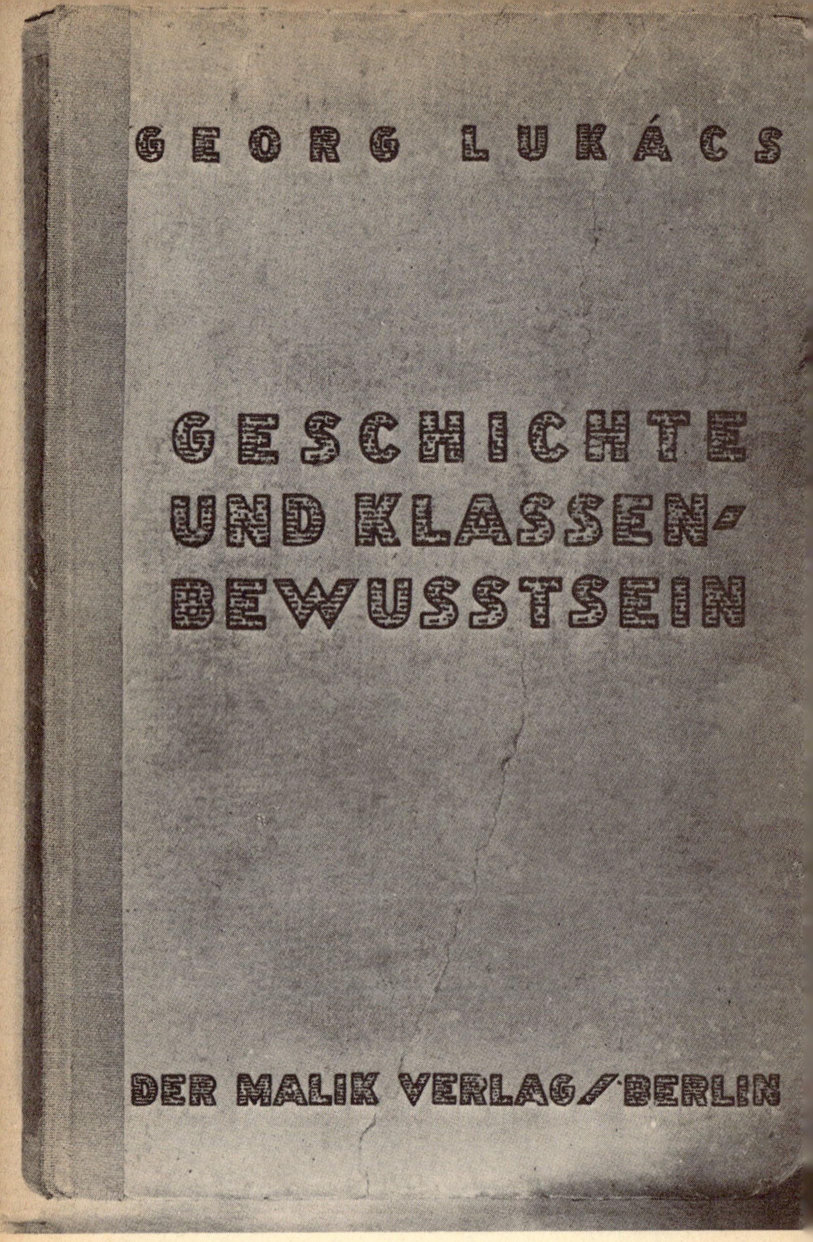

Die Erstausgabe von 1923

Rosa Luxemburg

Nikolaj I. Bucharin

Schüler und politischen Mitkämpfer konnten weder Lukács' These vom Materialismus der Aufklärung als *ideologische Form der bürgerlichen Revolution*[42] noch seinen Begriff der geschichtlichen Totalität (in der die Scheidung von Theorie und Praxis aufgehoben ist) akzeptieren. Seine Theorie der Geschichte war der Versuch, ein moralisches Problem zu lösen. Das Wort *Verdinglichung* wurde in diesem Zusammenhang von Lukács geprägt – zehn Jahre vor der Entdeckung der Marxschen Frühschriften und deren Terminus «Entfremdung». Da klangen noch immer Elemente des Syndikalismus, der Räte-Republik, gar eines

Grigorij Sinowjew

neukantianischen kategorischen Imperativs durch: Geschichte zwar nicht als Emanation des Weltgeists, aber als Selbstschöpfung des menschlichen Geistes. Geschichte als materiale Form von Bewußtsein.

Das lief auch der taktischen Situation zuwider. Lenin lag nach seinem dritten Schlaganfall im März 1923 zehn Monate lang gelähmt. Er starb im Januar 1924. Seinen Testamentsvollstreckern – nicht nur Stalin, vor dessen Despotismus er noch gewarnt hatte – konnte eine europäische Eigenentwicklung des Marxismus nicht recht sein. Nach der falschen Theorie von der unmittelbar bevorstehenden Weltrevolution setzte sich mehr und mehr die These vom «Sozialismus in einem Land» durch; das hieß politische wie ideologische Führung – die «Bolschewisierung» der europäischen kommunistischen Parteien, vor allem der größten und einflußreichsten, der KPD, begann. Selbständige Theoretiker, hießen sie nun Lukács, Korsch oder Antonio Graziadei, mußten abgewertet, ausgeschlossen oder gemaßregelt werden. Sowjetische Philosophen eröffneten den «Kampf an der philosophischen Front» gegen den Abweichler. Nikolaj I. Bucharin – Nachfolger Lenins als theoretischer Kopf der KPdSU – sprach auf dem 5. Kongreß der Komintern in Moskau im Juni und Juli 1924 von «Rückfällen in den alten Hegelianismus», und Béla Kuns Lehrer Grigorij Sinowjew hielt auf demselben Kongreß eine warnend-drohende Rede: «Wir wollen diese Ultralinken nicht aufkommen lassen, einen theoretischen Revisionismus, der sich breit macht, der eine internationale Erscheinung ist. Wenn in Italien der Genosse Graziadei mit einem Buch auftritt, in dem er seine alten Artikel veröffentlicht, die er zu einer Zeit geschrieben hat, als er noch Sozialdemokrat und Revisionist war, und in denen er sich gegen den Marxismus wendet, so kann dieser theoretische Revisionismus bei uns nicht straflos vor sich gehen. Wenn der ungarische Genosse G. Lukács dasselbe auf philosophischem und soziologischem Gebiete tut, werden wir es auch nicht dulden. Ich habe einen Brief des Genossen Rudas, eines Führers der Fraktion, zu der Lukács gehört, erhalten. Er erklärt, daß er die Absicht hatte, gegen den Revisionisten Lukács aufzutreten. Als die Fraktion ihm das verbot, ist er aus ihr ausgetreten, weil er den Marxismus nicht verwässern lassen will. Bravo, Rudas! Wir haben eine gleiche Strömung in der deutschen Partei. Genosse Graziadei ist Professor, Korsch ist auch Professor (Zwischenruf: Lukács ist ebenfalls Professor!). Wenn noch einige solche Professoren kommen und ihre marxistischen Theorien verzapfen, dann wird es schlimm um die Sache bestellt sein. Einen solchen theoretischen Revisionismus können wir in unserer Kommunistischen Internationale nicht ungestraft dulden.»[43]

Wir sind der Zeit ein Stück vorausgeeilt, um einen ideologischen Zusammenhang zu verdeutlichen, der für Lukács' politisches Handeln wie seine theoretische Arbeit gleichermaßen wichtig ist.

1920 war die Räterepublik zu Ende, der Admiral Horthy exerzierte in Ungarn vor, was Europa später im großen erleben sollte: faschistischen Terror. 5000 Revolutionäre wurden ermordet, 75 000 eingesperrt, mehr als 100 000 Menschen gingen ins Exil. Lukács, der als Volkskommissar die Sozialisierung von Verlagen und Theatern verfügt, aber gleichzeitig in einem Erlaß dekretiert hatte, das Volkskommissariat werde *die Literatur keiner Richtung oder Partei offiziell*

Admiral Nikolaus von Horthy

unterstützen, das kommunistische Kulturprogramm unterscheidet nur gute und schlechte Literatur ...[44], ging zusammen mit dem Schriftsteller Otto Korvin, dem ehemaligen Chef der politischen Polizei, in die Illegalität. Korvin wurde im August 1919 gefangen und 1920 hingerichtet. Georg Lukács floh nach Wien.

Die österreichischen Behörden folgten einem Auslieferungsbegehren und verhafteten ihn im Oktober. Welchen Rang Lukács schon

Georg Lukács. Wien, 1920

Der Stephansdom in Wien

damals in der europäischen Geisteswelt einnahm, zeigt unter anderem, daß noch im November zahlreiche deutsche Zeitungen mit einem Aufruf «zur Rettung von Georg Lukács» erschienen, der unter anderem unterzeichnet war von Richard Beer-Hofmann, Richard Dehmel, Paul Ernst, Bruno Frank, Maximilian Harden, Alfred Kerr, Heinrich und Thomas Mann:

«Nicht der Politiker, der Mensch und Denker Georg v. Lukács soll verteidigt werden. Einst hatte er die Verlockungen des verwöhnten Lebens, das sein mitgeborenes Teil war, hingegeben für das Amt des verantwortungsvollen, einsamen Denkens. Als er sich der Politik zuwandte, hatte er sein Teuerstes, seine Denkfreiheit, geopfert dem Werk des Reformators, das er zu vollbringen meinte. Von Österreich, wo er unter Aufsicht gehalten wird, fordert die ungarische Regierung seine Auslieferung: er soll die Ermordung politischer Gegner veranlaßt

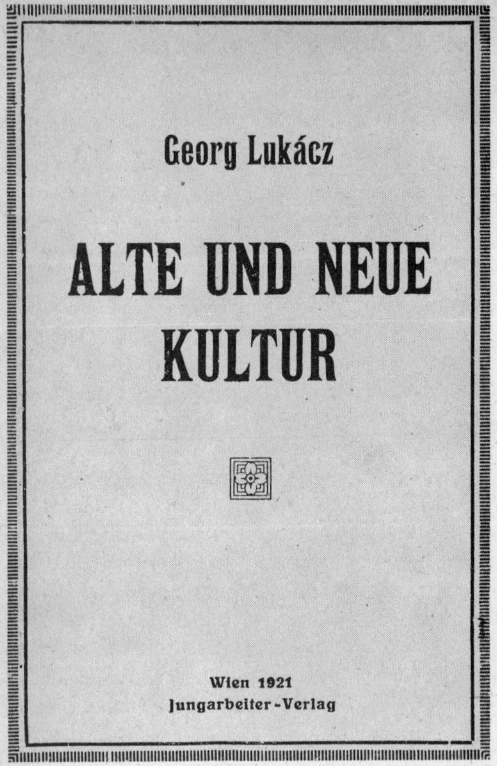
Georg Lukácz

ALTE UND NEUE KULTUR

Wien 1921
Jungarbeiter-Verlag

haben. Nur verblendeter Haß kann die Beschuldigung glauben. Lukács' Rettung ist keine Parteisache. Pflicht ist es allen, die im persönlichen Verkehr seine Reinheit erfahren, und den vielen, die die hochgestimmte Geistigkeit seiner philosophisch-ästhetischen Bücher bewundern, gegen die Auslieferung zu protestieren.»[45]

Thomas Mann ging darüber hinaus und wandte sich 1929 noch einmal in einem Offenen Brief an den österreichischen Bundeskanzler Ignaz Seipel, um Asylrecht für Lukács zu erbitten. In die Zeit um 1919 fällt auch die eine der beiden Begegnungen zwischen Lukács und Thomas Mann (die zweite fand 1954 in der DDR statt, als Thomas Mann nach Weimar zur Schiller-Ehrung gereist war). Die Besprechung zwischen beiden Männern ist auf vielfältige Weise sonderbar: gespannt, ehrerbietig, dankbar, kühl, bewundernd – alles in einem. Über die erste Begegnung in Wien berichtet der Autor der «Buddenbrooks»: «Er hat mir ... eine Stunde lang seine Theorien entwickelt. Solange er sprach, hatte er recht. Und wenn nachher der Eindruck fast unheimlicher Abstraktheit zurückblieb, so blieb auch derjenige der Reinheit und des intellektuellen Edelmutes.»[46]

Nicht nur von dieser Äußerung her ist es «Überlieferung», daß Lukács für die Gestalt des Naphta im «Zauberberg» Modell stand. Das stimmt – und stimmt nicht. Hans Mayer findet solche Figurenannäherung «banausisch»[47]; Thomas Mann selber dagegen schreibt immerhin am 24. Dezember 1947 an Max Rychner, daß Lukács «sich in Naphta offenbar nicht erkannt hat»[48]. Es scheint unleugbar, daß Thomas Mann hier einen Gestus, eine Form von Intellektualität, von Argumentationsstruktur kennzeichnen, nicht porträtieren wollte. Nicht Robert Musils Ironie, einen Klerikalen so darzustellen, daß neben ihm auch ein Bolschewik getroffen sein kann, ist gemeint; es geht in der spiegelverkehrten Ähnlichkeit Naphta–Lukács nicht um identische theoretische Inhalte, nicht einmal um äußerliche Ähnlichkeiten, sondern um Verhaltensformen. Es kann nicht anders sein, als daß der zögernd-reservierte Patrizier in der intellektuellen Struktur seines Interpreten etwas spürte, das ihm Zurückhaltung auferlegte: Intoleranz, kämpferisches Absolutum. Anders wäre auch schlechterdings nicht zu erklären, wieso der sonst stets artige, schreibfleißige und pünktliche Romancier nie in seinem Leben einen Brief an Lukács richtete. Immer wieder lobt er in Aufsätzen oder Tagebuchnotizen dessen Interpretationskunst: «Fast gleichzeitig (mit einem Aufsatz der Nouvelles Littéraires) kam auch der eindrucksvolle Artikel mir zu, den Georg Lukács zu meinem siebzigsten Geburtstag in der Internationalen Literatur veröffentlicht hatte. Dieser Kommunist, dem das ‹bürgerliche Erbe› am Herzen liegt und der imstande ist, über Raabe, Keller oder Fontane fesselnd und verständnisvoll zu schreiben, hatte schon in seiner Aufsatz-Serie über die deutsche Literatur im Zeitalter des Imperialismus meiner mit Klugheit und Ehren gedacht und dabei die dem Kritiker unentbehrliche Fähigkeit bewährt, zwischen Meinen und Sein (oder dem aus dem Sein geborenen Tun) zu unterscheiden und nur dieses, nicht jenes für bare Münze zu nehmen ... Dies nun vollends, der Geburtstag-Essay ... war eine soziologisch-psychologische Darstellung meiner Existenz und Arbeit, wie ich sie in so großem Stil noch nicht erfahren hatte, und stimmte mich darum zu ernster Dankbarkeit, – nicht zuletzt auch, weil der Betrachtende das Meine nicht nur ‹historisch› sah, sondern es mit deutscher Zukunft in Beziehung brachte.»[49]

Aber nicht ein Mal hat er das Wort an ihn gerichtet. Alle, die Lukács kannten, berichten, wie er darunter zeit seines Lebens litt. Mit fast eilfertiger, postwendender Beflissenheit, aber auch mit etwas Trotz antwortet Lukács auf einen Brief, den Thomas Mann am 22. März 1949 an seine Frau richtete; schon am 29. März geht die Antwort aus Budapest ab: *Ich kann Ihnen nicht schildern, welche Freude und welche Genugtuung mir Ihr Brief bereitet hat. Es war während meiner ganzen kritischen Tätigkeit meine Maxime den Schriftstellern gegenüber: «Und wenn ich dich lieb habe, was gehts dich an.» Ich habe getrachtet, jeden lebenden und mir noch so teuren Schriftsteller als historische Erscheinung anzusehen, aufzudecken, was er durch seinen Gehalt und seine Formgebung dem Tage und der Zukunft zu geben imstande ist. Um das zu erreichen, mußte ich prinzipiell keine Rücksicht darauf nehmen, wie meine Kritiken auf ihre «Objekte» wirken.*[50]

Es ist nicht Lukács gleich Naphta, gewiß. Aber es ist die jesuitische Möglichkeit in der marxistischen Wirklichkeit. Naphta wohnt als Eventualität in Lukács. Das Haus, in dem Settembrinis Antipode wohnt, gehört einem Damenschneider namens Lukaçek ...

Die Jahre in Wien, Lukács lebt inzwischen mit seiner zweiten Frau Gertrud Bortstieber zusammen, die er aus politischen und wirtschaftlichen Gründen erst später in Moskau heiraten wird, sind Jahre vor allem politischer Auseinandersetzungen. Er ist führendes Mitglied der emigrierten KPU; die Fraktionsgegner Béla Kun und Mátyás Rákosi leben in Moskau, während er sich zur Landler-Fraktion zählt; Landler, *einem Mann nicht nur von hoher ... Intelligenz ... dessen tiefste innere Einstellung von seiner innigen Verbundenheit mit dem Leben der Massen bestimmt war*, hat Lukács noch im Vorwort zu *Geschichte und Klassenbewußtsein* ein Denkmal gesetzt.[51]

Lukács ist zugleich Herausgeber der Zeitschrift «Kommunismus», eines der führenden Komintern-Organe. Es ist zwar bisher nicht belegt – aber es bleibt unwahrscheinlich, daß Lukács in dieser Zeit, in der ideologische Debatten ihn mit italienischen Kommunisten wie Bordiga und Graziadei in Berührung brachten, in der er sich offensichtlich mit Croce beschäftigt hat, daß er jetzt nicht Gramsci getroffen haben sollte, der zur selben Zeit in Wien lebt. Bezeichnenderweise heißt es in einer der brillantesten jüngsten Publikationen zu diesem Thema, daß Lukács sich «auf einer Höhe der Marx-Rezeption, der damals unter Kommunisten vielleicht nur Antonio Gramsci hätte folgen können»[52], befunden habe.

Eine Begegnung mit Lenin beim III. Weltkongreß der Komintern 1921 – also ein Jahr nach der Auseinandersetzung über die Fragen des Parlamentarismus – hat Lukács offenbar nicht vor weiteren Angriffen geschützt. Trotz seiner Lenin-Broschüre und der Selbstkritik, die er wegen seines Buches *Geschichte und Klassenbewußtsein* übte, ja, trotz der Zurücknahme des Buches – das jahrzehntelang ein Rarissimum auf dem internationalen Buchmarkt war –, kommt nahezu folgerichtig die nächste scharfe Auseinandersetzung mit der Partei.

Thomas Mann

Für den II. Kongreß der illegalen KPU 1928 verfaßte Lukács unter seinem Parteinamen Blum ein Papier, das als *Blum-Thesen* bekannt wurde und dessen politische Vorschläge einen Autor zeigten, der sich aus kluger politischer Taktik und theoretischer Arbeit eine eigene ungewöhnliche Position gebaut hatte.

Lukács, in der Parteibürokratie gelegentlich als «der Professor» ridikülisiert, bewies mit seiner Ablehnung der Kun-Theorie, es gebe einen direkten Übergang vom Horthy-Regime zur Diktatur des revolutionären Proletariats, mehr politischen Verstand als seine Genossen. Aber es ging Lukács offenbar um mehr als eine taktische, kurzlebige Positionsbestimmung – die *Blum-Thesen* müssen als zentrale Kategorie seines gesamten Ideologie-Gebäudes verstanden werden, von ebensolcher Bedeutung für sein politisches Konzept wie für seine Ästhetik. Die historische «Berechtigung» für derartige «Alleingänge» im Konzipieren eigener Modelle leitet sich aus seiner Partisanentheorie ab. Partisan kann im Lukácsschen Begriff ja Parteiführer wie Dichter, philosophischer Kritiker wie Volkstribun sein – jedenfalls ein Mensch, der sich mit der geschichtlichen Berufung der Partei eins weiß, der sich aber *innerhalb dieser Einheit mit eigenen Mitteln auf eigene Verantwortung offenbaren muß*[53]. Lukács sieht sich vollkommen in dieser Rolle – als Parteimann wie philosophischer Kritiker.

KEINE DIKTATUR DES PROLETARIATS

Kernstück der *Blum-Thesen* ist sein Programm der *demokratischen Diktatur*, Einlösung gleichsam der Notwendigkeiten unvollendet gebliebener bürgerlicher Revolutionen und Vorwegnahme der Möglichkeiten plebejischer Revolutionen. Es ist die Vorstufe zur «Volksdemokratie», ist aber auch ein eventueller Endpunkt revolutionärer Entwicklung. Alle Denkansätze aus der Arbeit des jetzt Fünfundvierzigjährigen sind hier vereinigt: sein Konzept der harmonischen Aufhebung von Gegensätzen, seine Balancevorstellung von Wirklichkeit und Möglichkeit, von Können und Sollen, von schlechter und freigesetzter Realität; auch sein Begriff der Oben–Unten-Dialektik, der führenden intellektuellen Elite und der sich im eigenen Bewußtsein erst findenden, dann sich befreienden Massen. Die «demokratische Diktatur» entspricht dem aktuellen Bewußtseinsstand der unterdrückten Klassen wie ihrer Möglichkeit, sich selbst zu verwirklichen, will sagen: zu befreien. Es ist nicht die Diktatur des Proletariats. Im zentralen Abschnitt der *Blum-Thesen* unter der Überschrift *Demokratische Diktatur* finden sich alle Haupt- und Stichwörter der Lukácsschen Denkkategorien:

Die demokratische Diktatur also, als eine vollkommene Verwirklichung der bürgerlichen Demokratie, ist im strengen Sinne des Wortes ein Schlachtfeld, ein Feld des alles entscheidenden Kampfes zwischen Bourgeoisie und Proletariat. Freilich ist sie zugleich auch das wichtigste Mittel des Kampfes, eine Möglichkeit, die breitesten Massen anzusprechen, sie zu spontaner revolutionärer Aktion anzuspornen und zu führen sowie die organisatorischen und ideologischen Formen zu lockern, durch deren Hilfe die

Bourgeoisie unter «normalen Umständen» die breiten Massen des arbeitenden Volkes desorganisiert; die demokratische Diktatur ist eine Möglichkeit, jene organisatorischen Formen zu schaffen, durch deren Hilfe die breiten Massen der Arbeiter ihre Interessen der Bourgeoisie gegenüber zur Geltung bringen. Die demokratische Diktatur ist auf der gegenwärtigen Entwicklungsstufe prinzipiell mit der wirtschaftlichen und gesellschaftlichen Macht der Bourgeoisie unvereinbar, obwohl der ausdrückliche Klasseninhalt ihrer konkreten Zielsetzung und ihrer unmittelbar zu verwirklichenden Forderungen nicht über den Rahmen der bürgerlichen Gesellschaft hinausgeht, ja sogar die vollkommene Verwirklichung der bürgerlichen Demokratie ist.[54] (Sperrungen vom Autor.)

In einem «Offenen Brief an die Mitglieder der KPU» reagierte das Exekutivkomitee der Kommunistischen Internationale (EKKI); diese Politik der «Offenen Briefe» war eine bewährte Methode Stalins, angewandt auch in entscheidenden Krisen der KPD – es waren keine Briefe im Sinne eines Meinungsaustauschs, es waren Bannbullen und Ukasse. Die *Blum-Thesen* und ihr Kurs auf die bürgerlich-demokratische Revolution statt auf die Diktatur des Proletariats wurden als Liquidatorentum angegriffen, als Illusionen auf dem Boden der Sozialdemokratie – «diese Thesen haben nichts mit Bolschewismus zu tun»[55]. Das Ex-cathedra-Dekret sprach von «ausmerzen», «gnadenlos entfernen» und «Verbrechen gegen die Partei». Im vierten Jahr der Regentschaft Stalins war das eine deutliche Sprache: Lukács, dessen mächtigster Verbündeter Landler 1928 gestorben war, übte Selbstkritik. Nach einigen Monaten illegalen Aufenthalts in Ungarn zog er sich 1929 endgültig aus der aktiven Parteiarbeit zurück. In Gesprächen und Interviews seiner letzten Lebensjahre betonte er, daß er seit 1929 nicht mehr politisch tätig gewesen sei.

Die Selbstkritik war eine taktische Wendung, von Lukács nie anders denn als Lebenslüge aufgefaßt. Er hat später immer wieder auf die Richtigkeit seiner Thesen hingewiesen, sie in die Neuauflage von *Geschichte und Klassenbewußtsein* aufgenommen und sie immer als Zentrum seiner theoretischen Arbeit begriffen:

Als ich aus verläßlicher Quelle erfuhr, Béla Kun bereite vor, mich als «Liquidatoren» aus der Partei ausschließen zu lassen, gab ich deshalb – in Kenntnis von Kuns Einfluß in der Internationale – den weiteren Kampf auf und veröffentlichte eine «Selbstkritik». Ich war zwar auch damals von der Richtigkeit meines Standpunkts fest überzeugt, wußte aber auch, – z. B. aus dem Schicksal von Karl Korsch – daß damals ein Ausschluß aus der Partei die Unmöglichkeit bedeutete, an dem Kampf gegen den nahenden Faschismus sich aktiv zu beteiligen. Als «Eintrittskarte» für eine solche Tätigkeit verfaßte ich diese Selbstkritik, da ich unter diesen Umständen nicht mehr in der ungarischen Bewegung arbeiten konnte und wollte.

Wie wenig ernst gemeint diese Selbstkritik war, zeigt, daß die Wendung der Grundeinstellung, die den Thesen zugrunde lag (allerdings ohne darin einen auch nur annähernd adäquaten Ausdruck zu erhalten), von nun an den Leitfaden für meine weitere theoretische wie praktische Tätigkeit abgab.[56]

Diese Methode der unaufrichtigen Selbstkritik hat Lukács souverän und wiederholt geübt; sie galt ihm als legitimes Mittel, um den *wirklichen Partisanenkampf gegen offizielle und halboffizielle Theorien*[57] von Gegenangriffen freizuhalten.

Victor Serge berichtet in seinen Erinnerungen von einem solchen Gespräch: «Vor allem sagte mir Georg Lukács, als wir abends unter den grauen Türmchen der Votivkirche spazierengingen, ‹passen Sie auf, daß Sie nicht für nichts und wieder nichts deportiert, für die Ablehnung einer kleinen Demütigung, für den Genuß, herausfordernd abzustimmen ... glauben Sie mir, Schmähungen haben für uns keine große Bedeutung mehr. Marxistische Revolutionäre brauchen Geduld und Mut, für Eigenliebe ist kein Platz. Die Zeit ist schlecht, wir stehen an einer dunklen Wende, sparen wir unsere Kräfte: die Geschichte wird uns noch aufrufen›.»[58]

Lukács geht in «Klausur» nach Moskau. Er wird wissenschaftlicher Mitarbeiter des Marx-Engels-Instituts, wo er unter anderem die noch nicht veröffentlichten «Ökonomisch-philosophischen Manuskripte» von Marx durcharbeiten kann. Das Jahr in Moskau bringt den vermeintlichen «Bruch» mit Hegel; neue Denkweisen und Formuliermöglichkeiten bieten sich an: Vergegenständlichung sieht Lukács jetzt als eine natürliche – je nachdem positive oder negative – Art der menschlichen Bewältigung der Welt, während «Entfremdung» eine Abart darstellt. Lukács entschließt sich, theoretisch noch mal ganz von vorn anzufangen.[59]

KOMINTERN-BEAUFTRAGTER IN BERLIN

Immerhin muß er auch einiges Wohlverhalten gezeigt haben – 1931 schickte die Komintern ihn nach Berlin. Es entstehen in dieser Zeit seine wichtigen literatur-theoretischen Arbeiten unter dem neugewonnenen Marxschen Aspekt (bzw. Skizzen und Vorstudien dazu) – aber seine Entsendung nach Deutschland muß auch unter einem wesentlichen kulturpolitischen Aspekt gesehen werden. Lukács hatte seine Rolle keineswegs mehr wie in den Wiener Jahren als Emigrant zu verstehen, der entweder abgeschlossen theoretisch oder für seine ungarische Partei arbeitete, sondern als Teilnehmer, möglichst Promoter der «deutschen Zustände».

Das Jahr 1924 war der Wendepunkt in der generellen Politik der KPD sowie der Kommunistischen Internationale (KI) gewesen. Die Fraktionskämpfe innerhalb der KPD-Führungsspitze hatten ihren Höhepunkt auf dem IX. Parteitag in der KPD vom 7. bis 10. April 1924 in Frankfurt a. M. gefunden, der auch bei den Debatten der kommenden Parteitage als Orientierungspunkt galt: man datiert «vor und nach Frankfurt». Die bisherige Politik, die der These der unmittelbar bevorstehenden Revolution in Deutschland und des raschen Niedergangs des Kapitalismus folgte, hatte die KPD in eine linke Isolierung geführt. In der Reichstagswahl am 7. Dezember 1924 verlor die KPD über eine Million Wähler (2,7 Millionen stimmten für sie), ein Datum, das in allen künftigen Diskussionen und innerparteilichen Auseinandersetzungen als «Niederlage der deutschen Arbeiterklasse» zitiert wurde. Die Hauptdebatte ging um das Thema Kaderpartei oder Massenpartei, Bündnispolitik oder weiter strikter Kampf gegen die Sozialdemokratie. Das Europäische Komitee der KI (EKKI) und dessen Generalsekretär Sinowjew griffen mehrere Male energisch in diese Debatte ein, in deren Verlauf bereits auf dem IX. Parteitag Brandler abgewählt worden war. An der Spitze der deutschen KP stand Ruth Fischer.

Diese Debatte, auf mindest so scharfe Weise in der Sowjet-Union geführt, schloß Stalin mit seiner im Dezember 1924 erschienenen Broschüre «Die Oktoberrevolution und die Taktik der russischen Kommunisten» ab. Damit hatte die Theorie vom Sieg des Sozialismus in einem Land verbindlichen Charakter, und in der Sowjet-Union wurden mehr und mehr die Theoretiker, die in europäischen klassisch-revolutionären Denkkategorien erzogen worden waren – Trotzki, Radek, Sinowjew, Kamenew, Bucharin –, abgelöst und durch politisch-administrativ denkende Strategen um Stalin – Molotow, Kirow, Kaganowitsch – ersetzt.

Durchaus im Zusammenhang mit dieser Diskussion, die auch zu ständig erbitterten Auseinandersetzungen innerhalb der KPD-Führungsspitze führte, ist es zu sehen, daß das bisher kaum beträchtliche Feuilleton der «Roten Fahne» aktiviert wurde. Schon ein halbes Jahr später, am 31. Mai 1925, veröffentlichte Karl A. Wittfogel eine dreiteilige Serie «Über proletarische Kultur» in der «Roten Fahne». Wittfogel bezog sich auf zwei Quellen, nämlich Bucharin und Trotzki. Die sich hier anbahnende Auseinandersetzung, die sich nicht zuletzt immer wieder an Trotzkis These entzündete, eine proletarische Kultur sei erst nach dem endgültigen Sieg des Proletariats und nicht in der Übergangsphase des Aufbaus des Sozialismus möglich, wird nicht nur spä-

Das Brandenburger Tor

ter im Bund proletarisch-revolutionärer Schriftsteller (BPRS) und in der «Linkskurve» weitergeführt, sondern spiegelt auch ziemlich direkt die ad hoc-politischen Auseinandersetzungen einerseits innerhalb der KPD, andererseits zwischen der KPD-Führung und dem EKKI wider.

Am 8. Juli 1925 fand unter dem Vorsitz Torglers die erste Reichsagitpropkonferenz statt, womit zum erstenmal dem Problem von Agitation und Propaganda ein breiter Raum eingeräumt wurde. Entsprechend der neuen Politik der Partei, sich eine Massenbasis, vor allem in den Betrieben, zu schaffen, wandte man jetzt auf dem Gebiet von Agitation und Propaganda das Hauptaugenmerk auf die Arbeiterkorrespondenten. Auf der Reichsagitpropkonferenz, bei deren Eröffnung auch ein Vertreter des EKKI sprach, wurde heftige Kritik am damaligen Stand des gesamten Propagandaapparates geübt, der bisher nicht in der Lage gewesen sei, zwischen Agitation und Propaganda, also Tagesaufgaben und Fernzielen, zu unterscheiden, der sich allenfalls auf das Drucken von Flugblättern und Plakaten beschränkt habe und beispielsweise nicht imstande gewesen sei, von Lenins Broschüre «Der linke Radikalismus, die Kinderkrankheit im Kommunismus» in einer Partei mit über 200 000 Mitgliedern mehr als 200 Stück abzusetzen. Diese verstärkten Bemühungen der KP, einen aktiven und aktivierbaren Propaganda-Apparat aufzubauen, war eine der Konsequenzen aus den verschiedenen Wahlniederlagen, deren Tiefpunkt mit der Hinden-

Berlin, 1948

burg-Wahl am 26. April 1925 erreicht war. Organisatorisch hieß das unter anderem, in Deutschland den Ausbau des Münzenberg-Konzerns zu forcieren, der im August 1921 mit der Organisation der Internationalen Arbeiterhilfe im direkten Auftrag Lenins entstanden war.

In diesem Gesamtzusammenhang muß die Gründung des BPRS, die schließlich am 19. Oktober 1928 stattfand, gesehen werden. Bestrebungen zur organisatorischen Zusammenfassung der kommunistischen Autoren reichen zurück bis zum Beginn der zwanziger Jahre. Schon auf dem 5. Kongreß der KI im Juni und Juli 1924 trafen sich – sozusagen am Rande des Kongresses – in Moskau sowjetische Schriftsteller mit einigen zum Kongreß delegierten ausländischen Kollegen, um eine solche organisatorische Vereinigung zu besprechen. Es entstand ein internationales Vermittlungsbüro proletarischer Literatur, und noch 1924 veröffentlichte die Internationale Pressekorrespondenz (Inprekor) einen unter anderem von Lunatscharski unterzeichneten Aufruf und eine Resolution der Konferenz der Delegierten zur Frage der künstlerischen Literatur.

1926 konstituierte sich dann in Moskau das Internationale Büro für Revolutionäre Literatur (IBRL). 1927, anläßlich der Feiern zum 10. Jahrestag der Revolution, fand in Moskau die erste Konferenz proletarisch-revolutionärer Schriftsteller statt. Auf diesem Kongreß wurde offenbar auch die Gründung des BPRS verabredet, das heißt, daß der Impuls zur Gründung nicht so sehr von der KPD, sondern von Moskau ausging.

Gleichzeitig mit der Gründung des BPRS stellte sich die Frage nach entsprechenden Publikationsmöglichkeiten. Zum Internationalen Antikriegstag am 1. August 1929 erschien die «Linkskurve».

Entsprechend der Politik des BPRS und der geschilderten früheren politisch-taktischen Haltung der KPD begann die «Linkskurve», deren erste Nummer von Johannes R. Becher mit dem programmatischen Aufsatz «Unsere Front» eingeleitet wurde, mit scharfer Polemik gegen linksbürgerliche Autoren. Dem Absetzen gegen bisherige Bundesgenossen, zum Beispiel Toller und Tucholsky, aber auch gegen Barbusse und dessen Zeitschrift «Le Monde», lag das theoretische Konzept zugrunde, daß proletarische Literatur nur von Autoren entwickelt werden könnte, die aus dem Proletariat stammten, nicht von bürgerlich sympathisierenden Schriftstellern; bereits die Formulierung proletarisch-revolutionäre Literatur postulierte diesen Begriff und bedeutete in der Zusammenziehung der beiden Schlüsselbegriffe ein Programm: Revolutionäre Literatur war proletarische Literatur.

Der in der «Roten Fahne» schon früher gegen Trotzki gewandten Konzeption einer jetzt entstehenden eigenen Klassenliteratur ent-

Leo Trotzki

sprach die Überbetonung der Funktion der Arbeiterkorrespondenten.

Einer der engsten Mitarbeiter Ernst Thälmanns war der Leiter der Agitpropabteilung beim ZK der KPD, Josef Lenz. Er veröffentlichte in Heft 3/1930 unter dem Pseudonym N. Kraus einen Artikel «Gegen den Ökonomismus in der Literaturfrage». Lenz vermerkte zwar die Nützlichkeit der Arbeit der Arbeiterkorrespondenten im Klassenkampf, wandte sich aber scharf gegen ihre Verhimmelung als Urzelle proletarischer Kunst ohne Rückgriff auf bereits vorhandene bürgerliche

Kunst. Ab Heft 4/1930 tritt Wittfogel in die Redaktion der «Linkskurve» ein und beginnt in sieben Fortsetzungen eine verschiedene Male wieder abgebrochene Artikelfolge «Zur Frage einer marxistischen Ästhetik» zu veröffentlichen. Diese Artikelfolge entspricht insofern der Lenzschen Forderung, als hier zum erstenmal versucht wird, das bürgerliche Erbe kritisch zu verarbeiten, Positionen Kants und Hegels zu reflektieren und sich mit der 1929 von Thalheimer herausgegebenen Mehring-Ausgabe auseinanderzusetzen.

Im Sommer 1931 zieht also Georg Lukács nach Berlin. Über Leo Flieg, den Verantwortlichen für Kulturfragen der KPD, hatte er direkten Kontakt zur Parteispitze, zu Heinz Neumann, Ernst Thälmann und Hermann Remmele; Heinz Neumann wiederum ist der Schwager von Willi Münzenberg. Nicht nur wird jetzt das neue Programm des BPRS umredigiert, sondern auch die «Phase der Selbstkritik», die Bechers «Wendungs»-Aufsatz bereits angekündigt hatte, wird schon im dar-

Nach der Vereidigung: Reichspräsident von Hindenburg

auffolgenden Heft im November 1931 mit Lukács' Kritik an Willi Bredels Romanen realisiert.

Diese Kritik an dem von Thälmann entdeckten Arbeiterschriftsteller offenbart eine höchst widersprüchliche theoretische Position: Lukács argumentiert zwar taktisch von links, ideologisch-ästhetisch aber eher konservativ. Er tadelt einerseits das artistisch Ungenügende, warnt vor einer falsch verstandenen proletarischen Literatur – bezieht sich aber andererseits in den Modellen, von denen er seine Kriterien ableitet, auf klassisch-realistische Erzählmuster. So sind alle seine großen «Linkskurve»-Aufsätze nicht nur – paradoxerweise – Angriffe von links auf links, sondern sie sind auch die Verweigerung neuer Formen. Seine Polemik gegen Ernst Ottwalts Justizroman «Denn sie wissen, was sie tun» ist ebenso Polemik gegen bestimmte moderne Erzähltechniken. Exakter noch zeigt das der daraus entwickelte grundsätzliche Essay *Tendenz oder Parteilichkeit*, der den zweiten Begriff als den übergeord-

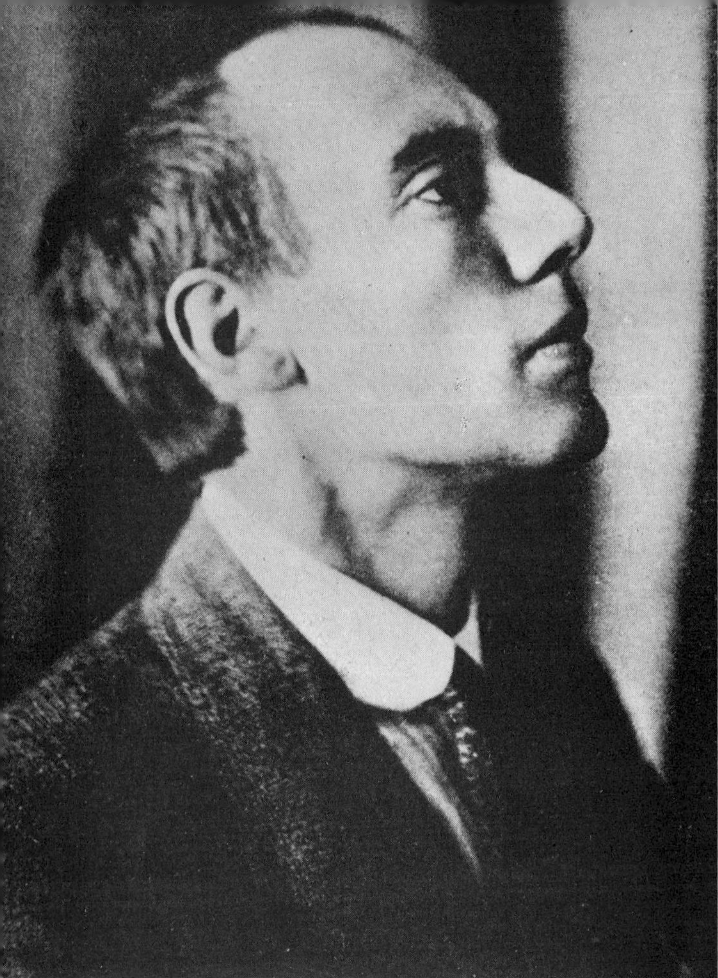

Johannes R. Becher

neten versteht, identisch mit realistischer Darstellungsweise, die die Grundstrukturen und Kräfte einer Epoche zusammenfaßt – entgegen der Tendenz, die «Äußerliches» wie Montage, Reportage, Verfremdungseffekt definiert. Lukács' Argumentation verbarrikadiert die Möglichkeit zu einer neuen Literatur:

«Lukács' Bredel-Kritik deckte Schwächen der proletarisch-revolutionären Literatur auf, die bisher in der ‹Linkskurve› niemals offen benannt worden waren ... Wie können politische Einsichten, die in

Leitartikeln, Referaten und wissenschaftlichen Analysen zu erster sprachlicher Formulierung gelangten, Eingang in die Literatur finden? Die proletarischen Schriftsteller suchten diese Schwierigkeit auf die nächstliegende Weise zu bewältigen: Sie fügten aus Referaten und Leitartikeln eine Handlung im traditionellen Sinne, und zwar derart, daß die auftretenden Personen zu ‹Trägern› dieser Referate wurden ... Sie übernahmen die äußerliche Chronologie, die Kontinuität der Ereignisse, die ‹Höherentwicklung› der Helden, nicht hingegen die psychologische Verkettung und Vorbereitung der einzelnen Handlungsteile, die psychologische Motivation von Kontinuität und ‹Höherentwicklung›.

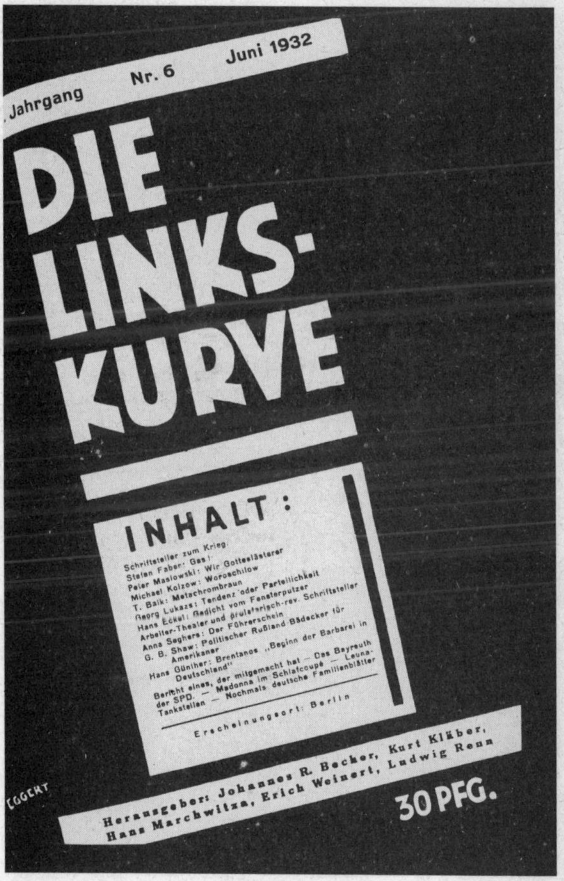

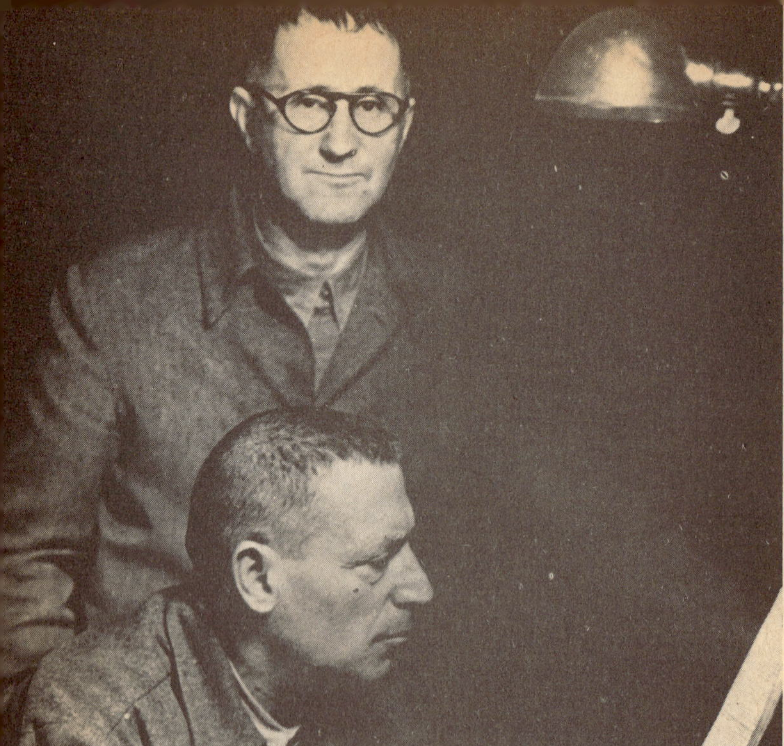

Bertolt Brecht und Paul Dessau

Ernst Thälmann am 1. Mai 1926

Eine Möglichkeit, diesen Widerspruch zu lösen, hätte der Vorschlag gewiesen, den Sprung von einer Darstellungsweise zur anderen, von der Handlung zum ‹Kommentar› nicht durch seine Einkleidung in eine konventionelle Fabel zu verwischen, sondern bewußt hervorzuheben; auf das Schema des traditionellen Entwicklungsromans zu verzichten und eine Art Montagetechnik anzuwenden. Lukács wies die proletarisch-revolutionäre Literatur im Bredel-Aufsatz in die entgegengesetzte Richtung: nicht Verzicht auf das Schema des Entwicklungsromans, sondern Auflösung der nichtintegrierten Teile in dieses Schema, in ‹Beziehungen zwischen Menschen›, die – abweichend von der Marxschen Begründung dieser Beziehungen in den herrschenden Produktionsverhältnissen – nach Lukács psychologisch motiviert und nicht überraschend erscheinen sollten. Während zur gleichen Zeit etwa Brecht in den Anmerkungen zur Oper ‹Mahagonny› für ‹Sprünge› anstelle der evolutionären Zwangsläufigkeit eintritt, greift Lukács das RAPP-Vokabular auf und plädiert für die Darstellung des ‹lebendigen Menschen›, für die ‹Entwicklung des Menschen›. Statt auf den ‹warmherzigen› Helden zu verzichten, fordert Lukács von Bredel den Beweis für die Warmherzigkeit, die Vorführung dieser Warmherzigkeit in einer geschlossenen Szene (die indes so angelegt sein muß, daß ebendieser Zweck nicht ‹auffällig›, dem Leser nicht bewußt wird).»[60]

DER STREIT MIT BRECHT

Es ist die ideologische Position der *Blum-Thesen*, die hier ästhetisch manifest wird. Lukács selber hat Jahrzehnte später gewissermaßen triumphierend darauf hingewiesen, daß auch seine Gegner wie József Révai noch 1950 seine damaligen literarischen Anschauungen als direkte Folge der *Blum-Thesen* sahen.[61] Eklatant wird das an der wichtigsten literarischen Fehde, die er zeit seines Lebens führte und die er auch 1956 mit einer emphatischen Trauerrede, als der «Gegner» auf dem Berliner Dorotheen-Friedhof lag, gegenüber dem Grab Hegels, nicht «aufheben» konnte: sein Streit mit Bertolt Brecht.

Kurz nach Hitlers «Machtergreifung» nämlich hatte Brecht in neun Punkten eine radikalistische «Plattform für linke Intellektuelle» ausgearbeitet, in der er als Bündnispartner für den Kampf gegen den Faschismus nur das Proletariat gelten ließ. Lukács' Konzept, für das die bürgerliche Revolution ein klassisches Vorbild blieb, war diametral entgegengesetzt zur «Plattform» Brechts. Die völlig verschiedenen politischen Ansatzpunkte bei Brecht und Lukács mußten natürlich auch zu ebenso verschiedenen unvereinbaren ästhetischen Konzeptionen führen. Der Ost-Berliner Literaturwissenschaftler Werner Mittenzwei stellt in seiner Untersuchung der Brecht–Lukács-Debatte fest: «Ausgehend von seiner Konzeption der ‹revolutionären Demokratie› sieht Lukács im Engagement des bürgerlichen Dichters für Fortschritt und Demokratie den eigentlichen Drehpunkt seiner Realismus-Auffassung. Lukács' Interesse gilt weniger dem Dichter, der den radikalen Bruch mit seiner Klasse vollzog, als dem, der im geistigen Spielfeld der ‹revolutionären Demokratie› verbleibt. Deshalb auch Lukács' Unverständnis für die neuen methodologischen Wege und Gestaltungsmittel, die zum Beispiel Brecht für die sozialistische Literatur nutzbar macht. So wie sich Lukács politisch auf eine lange Übergangsperiode einrichtet, so faßt er den Realismus nur als die Weiterführung der großen progressiven Strömungen des 19. Jahrhunderts auf. Anstelle der Eroberung und Aufdeckung neuer Kunstmittel auf Grund neuer gesellschaftlicher Verhältnisse, worauf es Brecht ankommt, steht bei Lukács die Säuberung der Literatur von den Einbrüchen der Dekadenz.»[62]

Brecht versuchte in mehreren grundsätzlich angelegten Arbeiten seine Position zum Thema Realismus und Methode darzulegen. Er plädierte für eine Literatur, die die neuen Fähigkeiten der Menschen, simultan aufzunehmen oder zu abstrahieren oder rasch zu kombinieren, nicht außer acht läßt, und weigert sich, den inneren Monolog als technische Möglichkeit zu tabuieren und weil «Tolstoi so etwas anders gemacht hätte, die Art, wie Joyce es macht, abzulehnen». Brecht berichtet auf sehr überzeugende Weise, wie wenig seine eigene Arbeit mit den landläufigen Klischees erfaßbar wäre: «Ich habe Farbenvorstellungen vager Art im Hinterkopf, Eindrücke bestimmter Jahreszeiten, höre Tonfälle ohne Worte, sehe Gesten ohne Sinn, denke an wünschbare Gruppierungen von nicht benamten Gestalten und so weiter. Die Vorstellungen sind reichlich unbestimmt, keineswegs aufregend, ziemlich oberflächlich, wie mir scheint. Aber sie sind da. Der ‹Formalist› in mir arbeitet.»[63]

Mit sarkastischem Vergnügen nennt Brecht die Lukácssche Realismus-Konzeption formalistisch, sie erinnere ihn an eine Chaplin-Szene, in der Chaplin einen Koffer gepackt hat und alles, was über den Koffer hinausquillt, einfach mit der Schere abschneidet.

Hier werden zwei einander fast ausschließende Kunsttheorien entwickelt, die beide jeweils eine marxistische Realismus-Definition für sich in Anspruch nehmen. Lukács aber will Gegensätzlichkeit im Gesamtmechanismus seiner Abbildtheorie zwar nicht ausklammern, aber überwinden. Er will, als konsequenter Hegel-Schüler, Wesen und Erscheinung harmonisieren. Das Ziel, richtiger: das Gelingen großer Kunst liegt darin, *ein Bild der Wirklichkeit zu geben, in welchem der Gegensatz von Erscheinung und Wesen, von Einzelfall und Gesetz, von*

Hitler, 1933

Unmittelbarkeit und Begriff usw. so aufgelöst wird, daß beide im unmittelbaren Eindruck des Kunstwerks zur spontanen Einheit zusammenfallen, daß sie für den Rezeptiven eine unzertrennbare Einheit bilden.[64]

Brecht natürlich, bis hin zum Leugnen des Genuß-Moments in der Kunst, will Wesen und Erscheinung nicht zur großen Einheit zusammenfügen, sondern Unterschiede und Disharmonie demonstrieren. Sein Abbild soll um sich herum, am Rande, noch Spuren anderer Bewegungen und Züge aufweisen, soll sogar den widerspruchsvollen Prozeß des Abbildungsvorgangs selber dokumentieren. «Die Abbildungen müssen nämlich zurücktreten vor dem Abgebildeten», schreibt er im «Kleinen Organon». Deutlicher kann der Gegensatz nicht sein – Lukács bis hin zur favorisierten Form, dem realistischen Roman, zu dessen Aufbau und Wirkung für ihn auch der vollendete Schluß als Aufklärung des Anfangs gehört, will die große, geschlossene Welt des Bürgertums im Kunstwerk einholen oder zurückholen. Er will Widersprüche tilgen, er kennt keine offene Form.

Brechts Kunstgenuß dagegen ist der Genuß des Erkennens von Zusammenhängen, die vorgeführt werden, von Disparatem, von dem, was sich zwischen Erscheinung und Wesen geschoben hat. Brecht schiebt den Genuß aus dem Kunstwerk heraus und will ihn für die Erwartung aktivieren, für den Kampf nämlich um Harmonie, nicht im Abbild, sondern in der Realität. Das, sagt er, ist realistische Schreibweise. Es ist der Unterschied zwischen aristotelischer und nichtaristotelischer Kunstauffassung. Lukács nämlich – das kommt besonders auch in seinem großen Entwurf über *Die Eigenart des Ästhetischen* zum Ausdruck – sieht in der Katharsis den letzten Sinn großer Kunst. Die kathartische Wirkung ist aber eine ethische – nicht eine gesellschaftliche. Genau dieser psychologischen Anverwandlung, dieser Scham-Wirkung mißtraut Brecht, der kein «Erkenne dich selbst» erreichen will, der bis in die Form seines Kunstwerks kein Einfühlen will, sondern Distanz. Kunst soll die dialektische Spannung von Gut und Böse nicht idealistisch entspannen, sondern die Veränderung der Gesellschaft und ökonomischer Bedingungen lehren. Selbst der späte Lukács spricht in seiner Katharsis-Theorie immer von der Kritik des Lebens, nicht der Gesellschaft. Diese Verschiebung von soziologischer zu biologischer, von politischer zu psychologischer Terminologie definiert den Abstand zwischen Georg Lukács' klassischer, ethisch gebundener Ästhetik und Bertolt Brechts Befragung der Realität.

Diese literaturtheoretische Auseinandersetzung, die auch Theoretiker wie Ernst Bloch oder Hanns Eisler miteinbezog, fand ihren Höhepunkt im inzwischen berühmt gewordenen «Expressionismus-Streit», der mit Lukács' Aufsatz *«Größe und Verfall» des Expressionismus* in der von ihm mitredigierten Moskauer Exilzeitschrift «Internationale Literatur» begann.[65] Der Streit zwischen Bloch und Lukács – wenn er auch stets kollegial-freundschaftliche Formen wahrte – wurde nie beendet; Bloch schrieb noch 1962 in «Erbschaft dieser Zeit»: «Lukács setzt überall eine geschlossene zusammenhängende Wirklichkeit voraus, dazu eine, in der zwar der subjektive Faktor des Idealismus keinen Platz hat, dafür aber die unterbrochene ‹Totalität›, die in idealistischen Systemen, und so auch in denen der klassischen deutschen Philosophie, am besten gediehen ist.»[66]

Leo Tolstoj

Lukács' Satz aus dem Vorwort zur Neuauflage der *Theorie des Romans* vom selben Jahr, in dem er Bloch die unzulässige Verquickung linker Ethik mit rechter Erkenntnistheorie vorwirft[67], liest sich wie eine Antwort darauf.

Er liest sich auch wie ein später Selbstdialog, eine Auseinandersetzung mit sich selber – nämlich einem, der linke Ethik und rechte Ästhetik zu verbinden sucht. Der Beginn der dreißiger Jahre muß überhaupt als eine Phase des verschlüsselten Dialogs mit sich selber gesehen, die großen Aufsätze dieser Zeit wollen so gelesen werden.

James Joyce

Die letzte Nummer der «Linkskurve» druckte unter der Überschrift *Lassalle, Mehring und wir* einen Reklamehinweis auf einen Aufsatz in den Nummern 18 und 19 von Willi Münzenbergs theoretischer Monatsschrift «Der Rote Aufbau». Es war der Vorabdruck von Lukács' Beitrag zur sowjetischen Literatur-Enzyklopädie *Kritik der Literaturtheorie Lassalles*, ein vergleichsweise unverhülltes Plädoyer für künstlerische Autonomie einerseits; andererseits ist es ein ebenso unverhülltes Treuebekenntnis zur Stalinschen Politik, ein deklamatorisches Abrücken von Lassalleschen Positionen. Der erste Satz des Lassalle-Aufsatzes[68] beruft sich auf Stalins berühmt-berüchtigten Brief an die Redaktion der «Proletarskaja Revoluzija». Keineswegs ein Zufall, daß in seinem großen Mehring-Aufsatz Lukács auf denselben Stalin-Artikel zu sprechen kam. Das ist nicht mißzuverstehen als Erfüllung jener von Lukács später höhnisch desavouierten Zitatpflicht – *eine Idee war damals nur eine Verbindung von zwei Stalin-Zitaten*[69]. Das war schon ernst zu nehmen als Bekenntnis wie als Selbstbefragung. Lukács' zumindest anfängliche Bewunderung des *aufgeklärten Despoten* Stalin ist unübersehbar; auch da bleibt er in den Spuren Hegels, der, Napoleons Ausritt beobachtend, meinte, nun habe er den Weltgeist zu Pferde gesehen. Was war vorangegangen?

Der Mehring-Aufsatz erschien 1933, auf dem Höhepunkt des antifaschistischen Kampfes. Vorangegangen waren Wittfogels erste Mehring-Hinweise auf die 1929 von Thalheimer herausgegebene Mehring-Ausgabe.[70] Die KPD hatte spät – zu spät – ihre Politik auf Volksfrontpolitik umgestellt und suchte Bündnispartner im liberalen Bürgertum, selbst in der verhaßten, als Sozialfaschisten beschimpften SPD. Die Kritik an der «Linken» nahm zu. Höhepunkt dieser Kampagne war eben Stalins als Brief an die Redaktion der Zeitschrift «Proletarskaja Kultura» gekennzeichneter Artikel «Über einige Fragen der Geschichte des Bolschewismus». Dieser Stalin-«Brief» und die darin vorgetragene scharfe Kritik an Rosa Luxemburg wurde als Äußerung ex cathedra aufgefaßt und auf dem Plenum des ZK der KPD im Februar 1932 nicht diskutiert, sondern zur Bannbulle erhoben; Thälmanns Rede war nur eine Verlängerung, er griff Rosa Luxemburg und die gesamte deutsche Linke, also auch Liebknecht und Mehring – die drei Gründer der KPD –, scharf an.

Lukács' Aufsatz – verfaßt als Einleitung zu einer sowjetischen Mehring-Ausgabe – ist deutlich die ideologische Auffüllung der Stalinschen Politik. Erst ganz zum Schluß seines Essays – bezeichnenderweise in dem Abschnitt, der Freiligraths Parteilichkeitsbegriff erörtert – gibt Lukács das zu verstehen; seine Formulierungen, mit denen er Mehring, Rosa Luxemburg und der gesamten deutschen «Linken» falsche Konzeptionen und die Unfähigkeit vorwirft ... *die richtige und berechtigte Polemik gegen den weltanschaulichen und strategischen, taktischen und organisatorischen Opportunismus der II. Internationale konsequent in Theorie und Praxis durchzuführen*[71].

Das sind fast wortgetreu Stalins Formulierungen. Lukács' Vorwürfe gegen Mehrings «Spontaneitätstheorie» in der Literatur benutzt nicht unabsichtlich diese Vokabel, um das politische Konzept des Nicht-Zentralismus zu denunzieren. Mehring hatte in anderem historischen Zusammenhang einmal höhnisch von «einer Handvoll Führer ohne Heer» gesprochen; gestützt werden sollte damit jene These vom revolutionären bzw. nicht-revolutionären Potential der Bauernkriege – die These Lassalles.

Lukács machte Mehring zu einem einigermaßen blinden Lassalleaner und sieht im Nachschreiben einer nahezu hysterischen Anti-Lassalle-Tradition, in der die deutsche sozialistische Bewegung seit spätestens Schweitzer verharrte, nicht, daß es ja Mehring ist, der sich in seinem theoretischen Konzept weiter von Lassalles politischer Ideologie entfernt als er selber, Anhänger einer plebejischen Demokratie, nicht einer proletarischen Revolution. Mehring hat zwar immer die Person Lassalles verehrt, hat aber nie seine Politik in toto verteidigt.

Die einzige etwas ausführlichere Beschäftigung Mehrings mit einem deutschen Romantiker gilt Heinrich von Kleist. Im Gange seiner Darstellung deutet Mehring die deutsche Romantik als wesentlich feudale Reaktion auf die Gewalt gewordene französische Aufklärung. Er sieht natürlich die bürgerlichen Elemente, die beginnende Kapitalisierung der Landwirtschaft etwa – aber doch auch dort den Übergang zu feudaler Ideologie. Entsprechend differenziert er die romantische Dichterschule als einerseits rückgewandte Sehnsucht nach der «mondbeglänzten Zaubernacht» des Mittelalters, andererseits als Teil nationaler Wiedergeburt aus dem Geiste der antinapoleonischen Bewegung.

Lukács' Sorge, daß die positiven Elemente bürgerlicher Entwicklung unterschätzt werden könnten – das Bürgertum war für ihn nun auch als Partner der Volksfrontpolitik politisch legitimiert –, führt ihn zu regelrechten literarhistorischen Fälschungen. Die vier Belege von Marx, auf die Lukács sich für seine These beruft, zitiert er schlicht falsch oder entstellend.[72] Aus keiner der Marx-Äußerungen geht hervor, daß dieser die Romantik – wie Lukács behauptet – als rein bürgerliche Bewegung einstufte. Lukács' Argumentationsbasis ist so einleuchtend wie einseitig. Er tritt an gegen den Dialektiker Mehring, der keine Modelle sieht, nicht politisch-historisch, nicht ästhetisch, der beim Untersuchen von Modellstrukturen nur Prozesse bloßlegen will, den einen großen Prozeß damit vorantreiben will. Dieser «linke Radikalismus» wird als politisch gefährlich erkannt und entsprechend denunziert.

Als gleich gefährlich empfindet Lukács die ästhetische Position Mehrings, sein Festhalten am Begriff Moral. Das ist ein Begriff, der nicht nur viel individuelle Ambivalenz gestattet, sondern auf vielerlei Weise die Spontaneität als ästhetische Kategorie einführt, also «regel»widrig ist. Hans-Dietrich Sander schreibt dazu: «Die Mehring-Studie verschleierte die Anti-Position, die Lukács nicht nur auf dem Gebiet der Kulturpolitik innehatte, bis zur Unkenntlichkeit. Betrachtet man dieses Inzitament einer barocken Tarnung, so fällt vor dem dogmengeschichtlichen Hintergrund der kommunistischen Kunstdiskussionen auf, daß Lukács an Franz Mehring Züge mißbilligend hervor-

Franz Mehring

hebt, die ihn selbst charakterisieren. Die Mehringsche Grundposition wird à travers le discours als der Zwiespalt zwischen einer linken Ethik und einer rechten Erkenntnistheorie, wenn nicht verbal, so doch faktisch dargestellt. Von Mehrings ‹politischer Physiognomie›, der ‹Einheit seiner besten und schlechtesten Eigenschaften, seiner glänzenden Gaben und unheilbaren Fehler›, heißt es, daß sie ihre Wurzeln in seiner ‹bürgerlich-demokratischen Vergangenheit hat›, wobei die Einheit der guten und schlechten Eigenschaften so behaglich akzentuiert ist wie die Unheilbarkeit ... Eine weitere Einheit von Eigenheiten führte er auf zwischen der Überbetonung, die in Mehrings Lebenswerk der Versuch einnimmt, ‹die großen Traditionen der revolutionären Periode des deutschen Bürgertums ideologisch zu retten›, der Neigung, ‹gegen Konservative, ja gegen Reaktionäre von einem gewissen geistigen Niveau stets duldsam› gewesen zu sein, und der Skepsis gegenüber dem künstlerischen Schaffen der ‹aufsteigenden Arbeiterklasse›. Lukács selbst sollte diese Kombination seit 1931 betont anwenden, und er kritisierte sie bei Mehring, um den Verdacht abzulenken, er täte das auch.»[73]

WIEDER IM EXIL

Diese Arbeiten waren bereits für sowjetische Publikationen verfaßt. Lukács emigrierte 1933 in die Sowjet-Union – es wird die Zeit der Sklavensprache, die Zeit des «heimlichen» Gegenentwurfs auch: sein Konzept des «großen Realismus» entsteht, indirekt zwar doch durchaus wahrnehmbar entgegengesetzt dem Shdanowschen «sozialistischen Realismus». Er wird Mitarbeiter des Philosophischen Instituts der Akademie der Wissenschaften, auch Marx-Engels-Institut genannt. Der unter dem Pseudonym David Rjazanov bekannt gewordene Mitstreiter der frühen russischen revolutionären Bewegung David Goldenbach hatte dieses Institut gegründet und sich als dessen Direktor das Ziel gesetzt, eine Gesamtausgabe der Werke von Marx und Engels in russischer und deutscher Sprache zu schaffen. Rjazanov trat selber mit einer Vielzahl theoretischer Schriften hervor. Vor Vollendung der Marx-Engels-Ausgabe wurde der Sechzigjährige 1930 von Stalin als Direktor abgesetzt, in eine unbedeutende Stadtbibliothek der Provinz abgeschoben, als Menschewist diskreditiert und ist bis heute – nach seinem ungeklärten Tod 1940 in der Verbannung – in der Sowjet-Union nicht rehabilitiert. Lukács war neben seiner Tätigkeit an Rjazanovs Institut auch Redakteur der beiden Emigrationszeitschriften «Internationale Literatur» und «Üj Hang» [Neue Stimme], so hat er gewissermaßen Ruhe zum Ausarbeiten seiner literaturwissenschaftlichen Theorien. Der Expressionismus-Streit und dessen Quasi-Verlängerung, der Briefwechsel mit Anna Seghers[74], sind nur der Beginn einer im sorgfältigen Kontinuum entwickelten essayistischen Einkreisung seiner Realismustheorie. Die Aufsätze *Goethe und seine Zeit* und die – wie Lukács es im Vorwort zur DDR-Buchausgabe 1950 nannte – *organische Fortsetzung* davon, die Aufsätze über Kleist, Eichendorff, Büchner, Heine, Keller, Raabe und Fontane entstehen jetzt, später

Moskau

zusammengefaßt in dem Band *Deutsche Realisten des 19. Jahrhunderts* – Arbeiten von zentraler Bedeutung. Lukács löst zwar jene *Eintrittskarte zum Partisanenkampf* und übt noch einmal Selbstkritik wegen *Geschichte und Klassenbewußtsein* – arbeitet aber gleichzeitig, nein: daraufhin an seinem großen Hegel-Buch. Eine Anekdote berichtet, daß er, verschmitzt lächelnd als Reaktion auf die hochgezogenen Brauen seiner Freunde, sagte: «Ja, aber Hegel habe ich nicht zurückgenommen.» Allerdings durfte das Buch nicht erscheinen – erst fünfzehn Jahre nach seiner Niederschrift druckte es 1954 der Ost-Berliner Aufbau-Verlag. Wie andere Freunde berichteten, sah Lukács sogar ein, daß in einer Phase militanter Auseinandersetzung mit dem Faschismus die Alternative «Hegel – oder Kampf mit der Sowjet-Union» keine war. Er muß in Moskau ziemlich einsam, jedenfalls kommunikationslos gelebt, besser gesagt: überlebt haben. In den Erinnerungen seiner Kollegen taucht er kaum oder nur am Rande auf. Ernst Fischer erwähnt ihn zum Beispiel in seinen Aufzeichnungen nicht. Er selber hat nie über die Moskauer Jahre berichtet. Bei Julius Hay, dem Landsmann, Schriftstellerkollegen und Gefährten, liest man[75], wie er sich «schwer verständlich» für den politisch diffamierten Andor Gábor einsetzte, dem die Kritik eines prominenten deutschen Illegalen geschadet hatte. Es war Kurt Funk, der Referent für deutsche Fragen im Komintern-Sekretariat

David Rjazanov

Ercoli. Ercoli hieß Togliatti, Funk hieß Herbert Wehner. Doch auch dessen – unveröffentlichter – Erfahrensbericht aus der sowjetischen Emigration spricht nicht über Lukács; daß er 1941 in Moskau verhaftet worden war, galt bisher als Gerücht. Julius Hay indessen gab Zeugnis: «Von Georg Lukács' Verhaftung wurde ich natürlich sofort unter-

«Von Georg Lukács' Verhaftung wurde ich natürlich sofort unter-richtet. Ich war mit Micky bei Gertrud und bewunderte ihre Haltung. Ich ging zu Mátyás Rákosi und bat ihn – wie auch Gábor, Balázs und andere es taten – um Intervention. Rákosi versprach, alles zu tun, was in seiner Macht stand, und wie es sich ohne Zweifel feststellen ließ, hat er Wort gehalten. Es wäre ihm ja auch mehr als peinlich gewesen, nach dem Sieg ohne Lukács nach Ungarn heimzukehren.

Aber die Chancen waren gering. Als Walter Ulbricht für verhaftete deutsche Genossen eintrat – wie ich es wiederholt gehört habe, war er in solchen Sachen sehr pflichtbewußt –, wurde er vom NKWD pampig abgewiesen; die Ablehnung hatte einen drohenden Unterton.

Auch Kurt Funk – abgeführt aus dem Lux in die Lubjanka – wäre kaum so bald heimgekommen, hätten sich nicht Togliatti und Dimitrov für ihn eingesetzt.

Bei Lukács endete es zum Glück ebenfalls mit Freilassung.

Als ich ihn fragte, wie es zu seiner Verhaftung kommen mochte, antwortete er: ‹Die Fünfte Kolonne›.»[76]

Georg Lukács war dem Schicksal Hunderter deutscher und ausländischer Kommunisten entgangen, die vor dem Faschismus in die Sowjet-Union flohen und dort liquidiert wurden.

Die Rückkehr nach Budapest im Jahre 1944 war keineswegs triumphal. Zwar konnten endlich in rascher Folge seine Arbeiten erscheinen, sehr bald auch im Ost-Berliner Aufbau-Verlag, den Johannes R. Becher, der Kampfgefährte aus den Tagen des BPRS und aus der Moskauer Emigration, gegründet hatte; zwar wurde Lukács Professor für Ästhetik an der Universität Budapest, Mitglied des Parlaments, der Akademie der Wissenschaften und zahlloser anderer Gremien; zwar reiste er zu Diskussionen mit Karl Jaspers nach Genf oder mit Jean-Paul Sartre nach Paris zur Hegel-Konferenz. Aber schon 1949 begannen die nächsten, diesmal besonders vehementen Attacken. Eine Fronde hochstehender Kulturfunktionäre, Parteihochschulleiter, Kulturminister und Chefredakteure ging gegen ihn vor; besonders József Révai, Politbüromitglied, forcierte den Angriff, obwohl er sich als Schüler Lukács' sah. Ernst Fischer porträtierte den sonderbaren Doppelcharakter: «Er hatte in sich eine Stimme der Partei etabliert, um in kritischen Situationen die Stimme eines latenten Ich zu übertönen. Als er Kulturminister der Ungarischen Volksrepublik war, aß ich während eines Schriftstellerkongresses mit ihm zu Mittag und bat ihn, sich von ideologischen Polizeimethoden im Kampfe gegen den ‹Formalismus› zu distanzieren; er versprach es mir, und hielt dann zu meiner Überraschung die Rede eines Anklägers in einem Ketzerprozeß. Der Widerspruch zwischen dem Privatgespräch und der öffentlichen Anklage entsprang nicht innerer Unaufrichtigkeit, sondern dem tiefen Zwiespalt dessen, der es für seine Pflicht hält, nicht individueller Einsicht, sondern der Stimme der Partei zu gehorchen.»[77]

Selbst Lukács' erneute Selbstkritik, die allerdings zögernd und ausweichend ist[78], wird kaum akzeptiert. Seine gesamte Literaturtheorie – zurückgeführt wieder auf das politische Modell der «Plebejer-Demokratie», also auf die *Blum-Thesen* – wird verworfen, der fehlende Einsatz für den sozialistischen Realismus und die neue sowjetische Literatur wird ihm vorgehalten. Tatsächlich ist auffallend, daß Lukács sich fast überhaupt nicht, auch nicht in der Moskauer Zeit (er sprach, las und schrieb kaum Russisch), mit der sowjetischen Literatur beschäftigt hat; der ausführlichste Aufsatz, in dem der sowjetische «Klassiker» Alexander A. Fadejew («Die junge Garde») auch noch parenthetisch als *erschreckend künstlerisch minderwertig*[79] abgetan wird, gilt ausgerechnet – Alexander I. Solschenizyn. Das ist übrigens kein Zufall; wenn man den Wortraster dieses Essays untersucht, fällt eine Art Hegelsches Bestätigungsvokabular auf: *Totalität der Reaktionen, Einheit der Einheit, Totalität der Objekte.* Gerade diese Art der «klassen-

Hegel. Stich von Bollinger nach Xeller

unspezifischen» Literaturbetrachtung wird Lukács in einem wahren Wirbel an Polemik und Denunziation vorgehalten. Die deutschen Nachfolger in dieser aggressiven Auseinandersetzung – vor allem der DDR-Literaturwissenschaftler Hans Koch – sind in ihren Urteilen wesentlich sorgfältiger, wissenschaftlicher. Die Debatte läuft auch in einem merkwürdigen Zickzackkurs, sie macht eine besonders kompliziert zu entwirrende Ungleichzeitigkeit deutlich: während Lukács in Ungarn nach dem Hauptangriff des Volksbildungsministers und Schriftstellerverbandsvorsitzenden auf dem 1. Schriftstellerkongreß 1951 sich völlig aus dem politischen Leben zurückzieht, während Zeitungen, Zeitschriften und Tagungen in Polemiken seinen Einfluß zurückzudrängen suchen, erscheinen in der DDR – unter Bechers Patronat – seine Bücher in hoher Auflage. Sein Einfluß auf die junge Nachkriegsgeneration in der DDR, ob Philosophen, Literaturwissenschaftler oder Autoren, ist nicht zu überschätzen; kein Seminar, kein größerer Aufsatz, keine literarhistorische Analyse, die nicht Lukács zitiert.

Das war nun keineswegs eine bloß literarhistorische oder literaturinterpretatorische Leitposition. Ebenso einflußreich waren Lukács' ideologiekritische Schriften und Arbeiten zur Philosophiegeschichte. Ein eklatantes Beispiel ist seine Polemik gegen Jean-Paul Sartre und den französischen Existentialismus der Nachkriegszeit. Lukács publizierte im Winter 1946/47 mehrere Aufsätze meist sehr polemischen Tons gegen Sartre, Simone de Beauvoir und – den etwas milder behandelten – marxistischen «Abweichler» Maurice Merleau-Ponty. Im Vorwort zur deutschen Buchausgabe[80] nennt er den Existentialismus eine der wichtigsten Ideologien der Konterrevolution, beschimpft er Sartre als literarischen Agenten des Imperialismus und spricht von den Tito-Banditen. Der Ton seines Pamphlets ist durchweg rüde, gelegentlich banal; Sartres philosophisches Hauptwerk «Das Sein und das Nichts», ein kompliziertes Buch von nahezu 800 Seiten, wird durchweg *die populäre Broschüre* genannt. Dabei ist seine Angriffsposition durchaus zwiespältig: Hauptziel der Attacke ist die Möglichkeit eines «dritten Wegs», sowohl der politischen Ordnungssysteme als auch der Ideologie und Erkenntnistheorie. Zwischen Idealismus und Marxismus kann es für Lukács kein Drittes geben. Gleichzeitig wehrt er das Entscheidungslose des Sartreschen Denksystems ab, die Beliebigkeit der existentialistischen «Freiheit», wie sie in den Lieblingswörtern «Geworfenheit» oder «Situation» zum Ausdruck kommt; wenn alles Freiheit ist, weil wir zur Freiheit verurteilt sind – nicht einmal sie also gewählt haben –, dann ist der Mensch ohne Entscheidung, ohne Alternative: ohne Aktivität.

Das Praxisvakuum in Sartres Schema ist für Lukács *extremster*

Julius Hay

Determinismus – für den Mann, der eine eigene «Partisanentheorie» entwickelte, absolut inakzeptabel. Eine Gesinnungsethik ohne Folgenethik scheint ihm gleichbedeutend mit historischem Agnostizismus: die Tat ohne Ansehung ihrer Folgen ist Un-Tat im doppelten Sinn. Lukács wirft der existentialistischen Ontologie vor, überhistorisch, bar jeder konkreten Gesellschaftlichkeit zu sein. In dieser formal nahezu stalinistischen Argumentation deutet sich in Wahrheit bereits das Ende des Stalinismus an, das Neu-Überdenken nämlich historischer Abläufe und der bisherigen, undialektischen Auffassung von der Rolle des Individuums in der Gesellschaft.

Zweierlei ist nicht zufällig: daß ein Begriff bald bei Lukács auftauchen soll, gegen dessen Nicht-Existenz im marxistischen Denkmaterial Sartre sich wendet: *Besonderheit.* Sartre nämlich, Jahre später, setzt sich ausführlich mit Lukács auseinander[81], wirft ihm vor, in einem terroristischen Verfahren «die Besonderheit zu liquidieren»[82]; er wider-

Ernst Fischer

spricht Lukács gleichsam mit Lukács – dessen Argumentation war «vor Moskau» (dem XX. Parteitag) formuliert worden, Sartre spricht «nach Budapest»: «Hier wollen wir lediglich beachten, daß sich Lukács überhaupt keine Rechenschaft von einer entscheidenden Grundtatsache gibt: wir waren von zwei Dingen z u g l e i c h überzeugt, davon nämlich, daß einerseits der historische Materialismus die einzig gültige Interpretation der Geschichte an die Hand gebe und daß andererseits der Existentialismus die einzig konkrete Zugangsmöglichkeit zur Realität bilde. Ich will damit nicht im mindesten die Widersprüchlichkeit dieser Einstellung bestreiten: ich stelle vielmehr fest, daß Lukács sie überhaupt nicht ahnte. Nun haben viele Intellektuelle, viele Studenten im Spannungsfeld dieser Doppelforderung gelebt und leben noch darin. Woher kommt das? Von einem Umstand, den Lukács genauestens kannte, von dem er damals aber nicht reden konnte: der Marxismus hatte uns – nachdem er uns angezogen hatte wie den Falter das Licht, nachdem er alle unsere Vorstellungen verwandelt und nachdem er für uns alle Kategorien des bürgerlichen Denkens zur Auflösung gebracht hatte – plötzlich im Stich gelassen; er befriedigte nicht unser Verständnisbedürfnis auf dem neuen Gebiet, auf dem wir uns befanden; er hatte uns nichts Neues mehr zu lehren, weil er zum Stillstand gekommen war.»[83]

Berlin, 1950

Sätze, die von Lukács stammen könnten. Die Auseinandersetzung «Existentialismus oder Marxismus» wird von Sartre weitergetrieben, etwa in seiner Kontroverse mit Roger Garaudy; aber bei ihm heißt es nun «Marxismus und Existentialismus»[84]. Es ist, wie man sieht, eine eminent politische Debatte, nicht «bloße Philosophie». Die Konsequenz zeigt sich im zweiten «Nicht-Zufall»:

Es war Robert Havemann, der sich ausgiebig mit der falschen Sartre-Rezeption in den sozialistischen Ländern auseinandersetzte, nachdem er eben jenes zentrale Problem – die Rolle von Zufall und Notwendigkeit in der Geschichte, die Funktion des Individuums in der Gesellschaft – neu und für DDR-Verhältnisse häretisch überdacht hatte. In einem 1965 geschriebenen, aber erst 1971 gedruckten Aufsatz «Ja, ich hatte Unrecht»[85] nimmt er wörtlich Sartres Wortprägung von der Sklerose des Marxismus auf und bestätigt (was Sartre damals vermutete), daß die sozialistischen Pamphletisten gegen unbekannte Texte angerannt waren; sie hatten Sartre nie gelesen.[86]

Es ist abermals eine Ungleichzeitigkeit, ein Widerspruch im Leben und Wirken von Georg Lukács zu bemerken. Diese offiziell akzeptierte Wirkung, unbeeinträchtigt von der «Ungnade» im stalinistischen Budapest, hat wiederum gleichzeitig einen «Unterstrom»: die intellektuelle Opposition orientiert sich an Lukács und Brecht, dem Antipoden, als habe es da nie Gegensätze gegeben. Das Kernstück seiner jetzt vorliegenden zweibändigen Ästhetik – eben jenes Hauptwort Sartres aufgreifend –, der Aufsatz *Das Besondere als zentrale Kategorie der Ästhetik*, erschien nicht in Ungarn, sondern in Ost-Berlin – in der von dem jungen Philosophie-Dozenten und Bloch-Schüler Wolfgang Harich herausgegebenen «Zeitschrift für Philosophie».[87] Harich, brillanter Kopf der intellektuellen Anti-Ulbricht-Fronde in der DDR, Aufwiegler, Revisionist, Parteimann und glänzender Marx-Interpret, nahm in die Präambel jener oppositionellen «Plattform», für die er zu zehn Jahren Zuchthaus verurteilt wurde, beide Namen als gemeinsame Ideenträger auf: «Besonderen Einfluß hat auf unsere ideologische Entwicklung der Genosse Georg Lukács genommen. Bertolt Brecht hat mit unserer Gruppe bis zu seinem Tode sympathisiert . . .»[88]

Es war ein zumindest dreifaches Überschneiden: von den ungarischen und den sowjetischen Stalinisten verfemt als bürgerlicher Demokrat und Hegelianer; von der gesamten – auch der dogmatischen – marxistischen Literaturwissenschaft der DDR akzeptiert als richtunggebender Lehrer einer materialistischen Literaturtheorie; von der intellektuellen Opposition verstanden als Orientierungshilfe – und Helfer im Kampf für eine «Dialektik ohne Dogma»: es war kein Mißverständnis, auf das man sich da einigte. Georg Lukács war das alles in einem. Er hat, merkwürdige Doppelwirkung, Denkansätze für eine

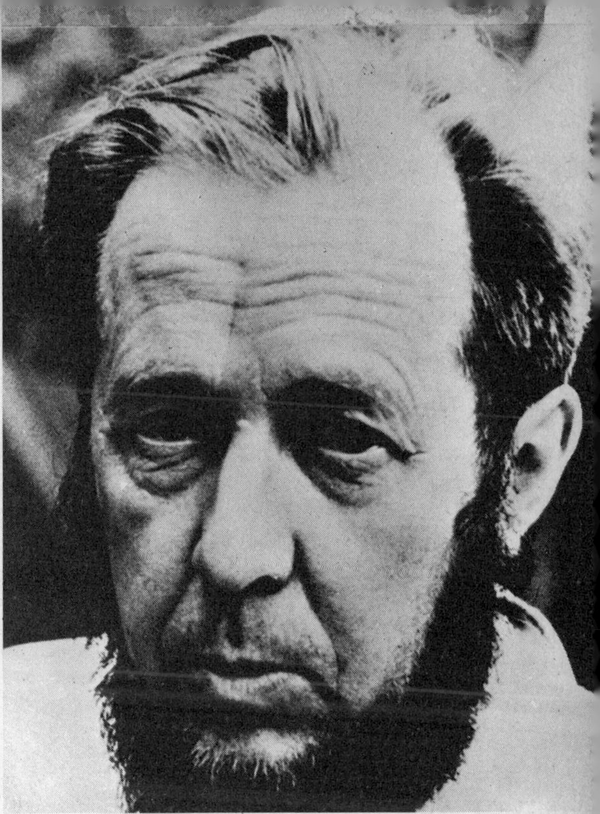

Alexander Solschenizyn

Tauwetterzeit gegeben und gleichzeitig durch seine ästhetische Kategorienlehre die Entwicklung einer modernen Literatur verhindert. Daß es bis zur Stunde kaum nennenswerte Prosaarbeiten in der DDR-Literatur gibt, hängt nicht zuletzt damit zusammen; das Modell war der kritische Realismus des 19. Jahrhunderts, war Balzac, nicht Flaubert. Die «Comédie Humaine» gilt in der Lukácsschen Literaturgalerie als bevorzugte Zeigetafel: gezeigt wird, daß «großer Realismus» sich sogar gegen seinen Schöpfer – will sagen dessen politisches Bewußtsein – durchsetzt; der Royalist Balzac als realistischer Schilderer der Fallen und Listen einer zum Ende der *heroischen Periode* verkommenden Aristokratie, die wirklichen Heerführer hinter dem Kontortisch. Lukács' Abwehr moderner Formen geschah nicht etwa unausgesprochen, als Nebenprodukt seiner historischen Analysen, sondern war formuliertes Programm. Indem er Balzac analysierte, tat er John Dos Pas-

Jean-Paul Sartre

sos ab[89], und das 19. Jahrhundert diente ihm als Folie, gegen James Joyce und für Thomas Mann zu optieren: *Wenn wir die Frage literaturgeschichtlich formulieren, dann heißt sie etwa: ist Balzac oder Flaubert die Spitzenerscheinung, der typische Klassiker des 19. Jahrhunderts? Dieses Urteil ist nicht nur eine Sache des Geschmacks, sondern führt zu allen zentralen Problemen der Ästhetik des Romans. Es taucht die Frage auf, ob die Einheit oder das Auseinanderklaffen von äußerer und innerer Welt die gesellschaftliche Grundlage der künstlerischen Größe,*

Wolfgang Harich

der allumfassenden Kraft des Romans ist; ob der bürgerliche Roman in Gide, Proust und Joyce kulminiert, oder aber schon viel früher – in Balzac, Stendhal und Tolstoi – seinen ideellen und künstlerischen Gipfel erreicht hat, dem heute nur einzelne, gegen den Strom ankämpfende große Künstler, wie Thomas Mann, nahekommen.[90]

Tatsächlich hat Lukács einer auch formal neuen sozialistischen Literatur nicht den Weg geebnet, hat in seiner Feindseligkeit gegen «Experimente» der offenen Form – sei es Erwin Piscator oder John Heartfield,

Honoré de Balzac

Wladimir W. Majakowski oder Hanns Eisler – gar die künstlerische Qualität abgesprochen. Hier liegt der berechtigte Ansatzpunkt sozialistischer Kritiker[91], die aber gleichzeitig sein Verdammungsurteil gegen Franz Kafka oder Lautréamont wiederum übernehmen. Die Widersprüchlichkeit in der Lukács-Rezeption geht so weit, daß noch 1955 in Ost-Berlin ein Laudatio-Büchlein zu seinem 70. Geburtstag erschien, in dem Alexander Abusch und Johannes R. Becher, Ernst Bloch und Hanns Eisler, Ernst Fischer und Henri Lefebvre, Wolfgang Harich und Hans Mayer, Thomas Mann und Anna Seghers sich mit Gratulationstexten zusammenfanden. Im selben Aufbau-Verlag, der inzwischen alle Bücher von Lukács zurückgezogen hatte, erschien dann fünf Jahre später das «Gegenbuch»: die von Hans Koch gesammelten Aufsätze «Georg Lukács und der Revisionismus». Pointenreich ist der Band unter anderem deshalb, weil kurz zuvor zwei von den fünf ungarischen Autoren nachweisbar das Gegenteil geschrieben hatten: József Szigéti, der nun Lukács den ideologischen Kampf ansagt, hatte am 13. April

1955 in der ungarischen Parteizeitung «Szabad Nép» ein Hommage auf Lukács veröffentlicht; und Béla Fogarasi ist sicherheitshalber gleich in beiden Bänden vertreten: der 1955 Lukács' Arbeiten für «wertvoll», «notwendig», «von weittragender Bedeutung», «wichtig», «Beispiele für die schöpferische Anwendung des historischen Materialismus»[92] befand, weiß 1959, daß es sich um einen Philosophen handelt, «... der sich Marxist nennt»: «Das zeigt, wie weit Lukács im Revisionismus versunken ist, wie sehr er sich der Argumentation der bürgerlichen und revisionistischen Kreise im Westen anpaßt. Der Revisionismus aber führt, wie zahlreiche Beispiele zeigen, unvermeidlich in das Lager der Feinde der Arbeiterklasse.»[93] Die vier Jahre, die dieser «Gesinnungswechsel» brauchte, hatten aber noch andere Wechsel gezeigt.

KOPF DER REVISIONISTISCHEN OPPOSITION

Im März 1956 war in Budapest der «Petöfi-Kreis» gegründet worden, eine lose Vereinigung von Künstlern und Wissenschaftlern, benannt nach dem 1849 in der Schäßburger Schlacht gefallenen ungarischen Revolutionsdichter Sándor Petöfi. Der Kreis wurde wesentlich getragen von Tibor Déry, Julius Hay und Georg Lukács. Lukács leitete die philosophischen Diskussionen, hielt einige Vorträge, mit denen er zum erstenmal öffentlich in die Debatten eingriff, die der XX. Parteitag der KPdSU auslöste, unter anderem mit dem Text *Der Kampf des Fortschritts und der Reaktion in der heutigen Kultur*, der wiederum in der DDR zuerst gedruckt wurde.[94] Nun werden auch die *Blum-Thesen* zum erstenmal offiziell publiziert und – nach einer Diskussion im Institut für Parteigeschichte von der KPU (PUW) – anerkannt. Lukács widerruft jetzt seinen Widerruf; er wird mit zahlreichen Artikeln, Vorlesungen, Radiosendungen und öffentlichen Diskussionen zum intellektuellen Führer des ungarischen «Aufstands». Im Oktober 1956 tritt er als Volksbildungsminister in die Regierung Nagy ein, ist nach genau 37 Jahren zum zweitenmal in diesem Amt – das ihn wieder außer Landes treibt. Obwohl Lukács am Vorabend der sowjetischen Intervention aus der Regierung Nagy zurückgetreten war, weil er den offiziell erklärten Austritt aus dem Warschauer Paktsystem als verhängnisvoll verurteilte, wird er von den Sowjets mit Imre Nagy und anderen Politikern verhaftet und nach Rumänien deportiert. Nagy wird ermordet, Lukács kehrt im April 1957 nach Budapest zurück – nun ein aus allen Ämtern und Würden gejagter, sogar aus der Partei ausgeschlossener[95] Privatgelehrter. Den Naphta vom Belgradkai haben Besucher gelegentlich

Weimar, 1954

Tibor Déry

Lukács mit Frau Déry

geschildert – so Hans Dieter Bahr: «Ein Herr von zierlichem Wuchs hatte mir die Wohnungstür geöffnet. Ich war betroffen von einem seltsamen Kontrast, den seine lebhaften Augen, die feinen, scharfgezogenen Linien seines Gesichts zu dem sehr schmalen, zunächst hölzern wirkenden Körper bildeten – der in den nächsten Sekunden jedoch lebhaft wurde, mit Bewegungen von ungezwungener Korrektheit –, als ich ausrichtete: ‹Ich komme, Ihnen sehr herzliche Grüße von Ernst Bloch zu bestellen und Sie sollten doch endlich Frieden schließen mit Proust.›

Lukács stutzte keinen Augenblick. ‹Ach, Sie kommen aus Tübingen, bitte treten Sie ein! Wissen Sie, ich habe nie etwas gegen Proust gehabt, aber die Differenzen zwischen Ernst Bloch und mir liegen doch bedeutend tiefer!›

Lukács hatte sich gleich an seinen Schreibtisch gesetzt, hinter dem eine Bücherwand aufragte mit dunklen, schweren Bänden, die viel benutzt und sorgfältig behandelt schienen. Auf dem Schreibtisch lagen die großen westdeutschen Zeitungen, aufgeschlagene Bücher und einige Manuskripte; neben dem Lehnstuhl stand ein Teewagen mit einer gläsernen Teekanne und einer Tasse darauf, die Lukács von Zeit zu Zeit behutsam füllte. Dunkle Eichenmöbel auf Teppichen in scheinbarer Absichtslosigkeit und unauffälliger Ordnung strahlten großbürgerliche Zurückgezogenheit aus. Es war ein Salon der Jahrhundertwende mit Blick über die Donau zur Buda-Burg hinüber.»[96]

Georg Lukács befindet sich in der Situation, die er als frühes Bildungserlebnis gleichsam vorweg akzeptiert hatte: *Es war eines meiner größten Kindheitserlebnisse, als ich mit neun Jahren eine ungarische Prosaübersetzung der Ilias gelesen habe, und das Schicksal von Hektor, nämlich die Tatsache, daß der Mensch, der eine Niederlage erleidet, Recht hat und der bessere Held ist, wurde bestimmend für meine ganze spätere Entwicklung.*[97]

Die letzte Phase seines Lebens ist erkennbar geprägt von diesem Gefühl, recht behalten zu haben. Mit behaglicher Boshaftigkeit nennt er *Talent eine Rechtsabweichung*[98] oder schockiert seine Zuhörer mit der Fabel von der Maus, die vom Berge herabblickend den Elefanten für ein kleines Tier hielt; aber Mäuse, auch wenn sie auf dem Berg einer alleinseligmachenden Parteidoktrin säßen, hätten nun einmal sehr kleine Gehirne.

Lukács faßt in zahlreichen Interviews – die er früher ungern und selten gab – seine philosophischen, politischen und ästhetischen Überlegungen zusammen – nein: er kreist sie ein. Die Interviews lesen sich gelegentlich wie Selbstgespräche, wie Monologe mit Stichworten. Ob er im «Spiegel» das Rätesystem für unvermeidlich erklärt[99] oder dem tschechoslowakischen Schriftsteller Liehm in «Literarni Noviny»[100]

Imre Nagy

Aufstand in Ungarn: Budapest 1956

erklärt, James Joyce sei eben doch nur ein Experimentalist und Samuel Beckett eine Modeerscheinung wie Maurice Maeterlinck, ob er Heinrich Böll in einem *Lob des 19. Jahrhunderts*[101] feiert oder von allen westdeutschen Autoren besonders Rolf Hochhuth gelten läßt – Lukács faßt nun die Erfahrungen und Überlegungen seines Lebens zusammen. Er revidiert nicht. In den langen Rundfunkgesprächen mit den drei Soziologen Hans Heinz Holz, Leo Kofler und Wolfgang Abendroth wird das besonders deutlich[102]: er erwähnt jetzt ausdrücklich Gramsci, wenn er von der Bildung einer bewußten Minorität als Voraussetzung einer Massenbewegung spricht und von der Notwendigkeit, das Klassenbewußtsein in die Arbeiterklasse von außen hineinzutragen; er nennt den sozialistischen Realismus nicht nur überhaupt unrealistisch, sondern einen ärarischen Naturalismus; er räumt ein, daß *Leute sehr oft auf Grund einer völlig falschen Ideologie richtig gehandelt haben* – etwa die Schiffahrt mit Hilfe ptolemäischer Astronomie; und, vor allem, er entwickelt als Summe der bisher geleisteten Arbeit sein Hauptwerk, *Die Eigenart des Ästhetischen*[103]. Der Titel ist bereits These, in der «Urzelle» zu diesem Riesenwerk hieß es *Besonderheit*. Es ist der große Versuch, Hegel noch einmal für die Ästhetik nutzbar zu machen: *Was jetzt die Einheit der Wirklichkeit und die Erzeugung bedeutet, so ist die Wirklichkeit in dem Sinne einheitlich, als sich alle Erscheinungen der Wirklichkeit – seien sie nun anorganisch, organisch oder gesellschaftlich – nach bestimmten Kausalreihen in bestimmten Komplexen mit Wechselwirkungen innerhalb der Komplexe und Wechselwirkungen der Komplexe untereinander abspielen. Diese Identität ist vorhanden. Ich glaube aber, wie ich schon in meinem Hegelbuch darzulegen versucht habe, daß eine der wichtigsten Neuerungen in der Dialektik, die Hegel gebracht hat, darin besteht, daß nicht die Einheit der Gegensätze der grundlegende Satz der Dialektik ist, sondern das, was Hegel die Identität der Identität und Nicht-Identität nennt. Nun meine ich, daß es eine einheitliche Wirklichkeit, eine Identität im Sinne des von jeder menschlichen Setzung – ich werde gleich darauf zurückkommen – unabhängigen kausalen Ablaufs der Wirklichkeit gibt.*[104]

Aber innerhalb dieser proklamierten Einheit, deren mimetisches Abbild Kunst sei, sprengt Lukács jetzt einen Freiraum heraus, eine neue Kategorie. Er nennt es mal *ethische Energie*, mal *Handeln, Praxis als logischer Schluß*, mal *Erfahrung*, mal *Widerspiegelung von in Handlungen umgesetzten Widerspiegelungen* – immer ist gemeint: das kreative Individuum und seine Tätigkeit. Kunst ist ein Drittes aus Arbeit und Freiheit. *In der Arbeit entsteht die erste wirkliche Subjekt-Objekt-Beziehung und damit erst entsteht dann ein Subjekt im echten Sinne des Wortes. Schon Hegel hat richtig darauf hingewiesen, daß*

Mit Wolfgang Abendroth und Hans Heinz Holz, September 1966

Gertrud Lukács, geb. Bortstieber

Rolf Hochhuth

damit die unmittelbare Distanzlosigkeit der bloßen Begierde und ihrer bloßen Erfüllung aufhört: «Im Werkzeug macht das Subjekt eine Mitte, zwischen sich und das Objekt, und diese Mitte ist die reale Vernünftigkeit der Arbeit . . . es entsteht ein vom Menschen erschaffenes Gebilde, das ausschließlich dem Ziele dient: den Menschen durch Widerspiegelung seiner Innenwelt und Umwelt über sich selbst aufzuklären und ihn damit über sich selbst, wie er für sich selbst im Alltagsleben gegeben ist, zu erhöhen, ihm zum Selbstbewußtsein zu verhelfen. Der Mensch wird wahrhaftig er selbst, indem er in der von ihm widergespiegelten Welt seine eigene Welt erschafft und sie sich zu eigen macht.»[105]

Theodor W. Adorno hatte einmal von Lukács als einem gesprochen, «der hoffnungslos an seinen Ketten zerrt und sich einbildet, ihr Klirren sei der Marsch des Weltgeistes»[106]. Das sollte nicht mehr sein als ein boshaftes Apperçu – es war aber, wider Willen, mehr: von Beginn bis Ende, vom abgelegten Adelstitel bis zum KP-Ausschluß, von der Ver-

Budapest, 2/12/1970.

Lieber Hochhuth!

Diesem Brief füge ich den Text jenes Aufrufs bei, den ich ie mit Todesstrafe bedrohte Angela Davis verteidigend, zu zahl-eichen Intellektuellen geschickt habe. Ich glaube es ist überflüs-ig zu betonen was für einen linksgerichteten Menschen der im Vor-ereiten begriffener Prozess und das Urteil, das Voraüszusehen ist, enn der Protest die Reaktionäre Demagogie nicht zum Rückzug zwingt, edeutet. Ich ersuche Sie darum, sich mit Ihrem Namen und Ansehen er Aktion anzuschliessen, und in Ihrem Land die Ihnen bekannten an-esehenen Intellektuellen gleichfalls zum Anschliessen aufzufordern. en Text habe ich so allgemein abgefasst, dass dessen Unterzeichnung icht bedeutet, dass man sich an ein bestimmtes politisches Programm nschliesst. Ich halte es jedoch für natürlich, dass jeder seinen orschlag zur Abanderung vorbringen kann, und auch dass jeder sein echt zum individuellen ~~Pro~~ ~~st~~ beibehält, obzwar ich bemerken möc-e, dass ein gemeinsames Auftreten grössere Wirkung hat. Bitte sen-en Sie mir ein Telegramm wenn Sie in der Aktion teilnehmen wollen, nd lassen Sie mir auch deren Namen wissen, die ihren Entschluss zum eilnehmen Ihnen mitgeteilt haben. Ich bitte Sie ferner darum, die resse Ihres Landes, wenn möglich, dazu bewegen, die Protestschrift u veröffentlichen. Zu den genannten Presseorganen werde ich dann ie Namen von all denen schicken, die sich der Aktion angeschlossen aben.

Mit herzlichen Grüssen Ihr

/Georg Lukács/

Lukács an Hochhuth, über Angela Davis

haftung in Wien über die Verhaftung in Moskau bis zur Verhaftung in Budapest, von *Taktik und Ethik* aus dem Jahre 1919 bis zur (unvollendet gebliebenen) *Ethik* des Jahres 1970 oder der im Osten erbost verschwiegenen, im Westen erbost getadelten Verleihung des Goethe-Preises der Stadt Frankfurt am Main – die Ketten, die Georg Lukács zeit seines Lebens angelegt wurden, waren mehr als Drangsalierungen einer Person; es waren Ketten, die alle schlugen, Welt und Geist. Eine der letzten Anekdoten aus Georg Lukács' Leben klirrt wie diese Ketten: Nach nächtlicher Verhaftung in Budapest 1956, rasender Wagenfahrt

Theodor W. Adorno

Frankfurts Oberbürgermeister Walter Möller überreicht Georg Lukács in Budapest den Goethe-Preis der Stadt Frankfurt a. M., 31. August 1970

mit verhängten Fenstern zu einem unbekannten Militärflugplatz, Abflug in einer Maschine ohne Hoheitsabzeichen in ein unbekanntes Land und Ankunft in einer schloßartigen Villa an blinkendem Meeresstrand, in der er lebte, halb zeremoniös behandelter Staatsgast, halb Zuchthäusler, noch immer ohne Kenntnis, wo er sich überhaupt befand, sagte Georg Lukács: *Kafka war doch ein Realist.*

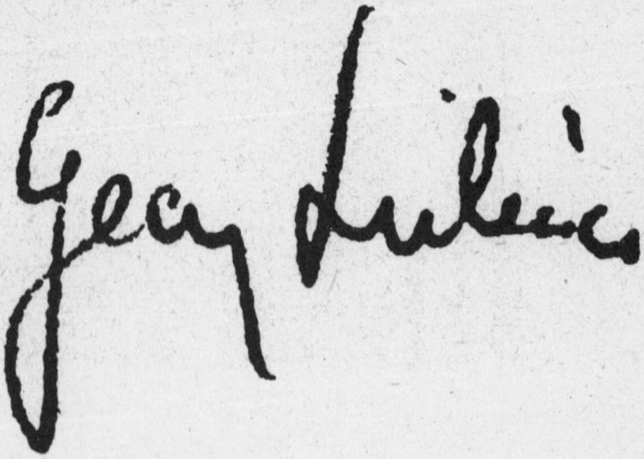

Wiedersehen mit der Schwester Maria, 1962

Die letzte Aufnahme des Ehepaars Lukács, um 1963

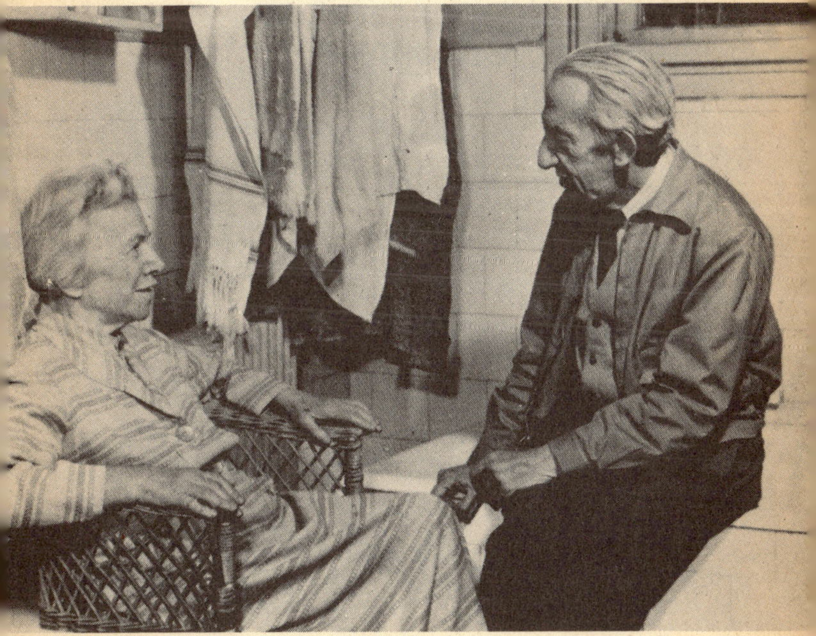

ANMERKUNGEN

1 *Methodischer Zweifel.* In: «Der Monat», April 1966, S. 95
2 Ehrhard Bahr: «Georg Lukács». Berlin 1970. S. 7
3 *Die Seele und die Formen.* Neuwied 1971. S. 61
4 a. a. O., S. 81
5 Vorwort zu: *Geschichte und Klassenbewußtsein.* Neuwied 1968. S. 11
6 Karl Marx: «Grundrisse der Kritik der Politischen Ökonomie». Berlin 1953. S. 31
7 ebd.
8 *Die Seele und die Formen,* a. a. O., S. 36
9 Alberto Asor Rosa: «Der junge Lukács. Theoretiker der bürgerlichen Kunst». In: «Alternative» Nr. 67/68 (1969), S. 186–187
10 Judith Tarr: «Georg Lukács, Thomas Mann und ‹Der Tod in Venedig›». In: «Die Weltwoche» 26 (2. Juli 1971)
11 ebd.
12 ebd.
13 *Schriften zur Ideologie und Politik.* Neuwied 1967. S. 324–325
14 Georg Simmel: «Rembrandt. Ein kunstphilosophischer Versuch». Leipzig 1916. S. 3
15 a. a. O., S. 73
16 Peter Ludz: «Marxismus und Literatur. Eine kritische Einführung in das Werk von Georg Lukács». In: *Schriften zur Literatursoziologie.* Neuwied 1961. S. 32
17 Peter Ludz: «Der Begriff der ‹demokratischen Diktatur› in der Philosophie von Georg Lukács». In: *Schriften zur Ideologie und Politik,* a. a. O., S. XXV
18 *Methodischer Zweifel,* a. a. O.
19 Morris Watnick: «Relativismus und Klassenbewußtsein – Georg Lukács». In: Leopold Labedz (Hg.), «Der Revisionismus». Köln 1965. S. 189–221
20 *Die Theorie des Romans. Ein geschichtsphilosophischer Versuch über die Formen der großen Epik.* Neuwied 1963. S. 6 f
21 a. a. O., S. 22, 28
22 *Die Seele und die Formen,* a. a. O., S. 16
23 *Die Theorie des Romans,* a. a. O., S. 145
24 *Mein Weg zu Marx.* In: *Schriften zur Ideologie und Politik,* a. a. O., S. 325–326
25 Zit. nach Rudolf L. Tökés: «Béla Kun and the Hungarian Soviet Republic». New York 1967. S. 197
26 a. a. O., S. 31
27 *Schriften zur Ideologie und Politik,* a. a. O., S. 138
28 Zit. nach George Lichtheim: «Georg Lukács». München 1971. S. 47
29 *Zur Frage des Parlamentarismus.* In: *Schriften zur Ideologie und Politik,* a. a. O., S. 124
30 W. I. Lenin in: «Kommunismus. Zeitschrift der Kommunistischen Internationale für die Länder Südosteuropas». In: «Werke» Bd. 31. Berlin 1970. S. 153–154

31 In: «Kommunistische Politik», 2. Jg., Nr. 15/16, August 1927, S. 3 f
32 W. I. Lenin: «Über Kultur und Kunst». Berlin 1960. S. 489 f
33 Anton Pannekoek: «Lenin als Philosoph. Kritische Studien zur Philosophie». Frankfurt a. M. 1969. S. 121
34 a. a. O., 113–114
35 a. a. O., S. 135–136
36 *Taktik und Ethik.* In: *Schriften zur Ideologie und Politik,* a. a. O., S. 33
37 *Geschichte und Klassenbewußtsein,* a. a. O., S. 214
38 a. a. O., S. 215
39 a. a. O., S. 199
40 Peter Ludz: «Ethischer Rigorismus und politische Taktik». In: *Schriften zur Ideologie und Politik,* a. a. O., S. XLIV–XLVI
41 *Geschichte und Klassenbewußtsein,* a. a. O., S. 17
42 a. a. O., S. 390
43 G. Sinowjew: «Der Kampf gegen die Ultralinken und den theoretischen Revisionismus». In: *Schriften zur Ideologie und Politik,* a. a. O., S. 720–721
44 Bahr, a. a. O., S. 23
45 a. a. O., S. 24
46 Thomas Mann: «Die Forderung des Tages». Berlin 1930. S. 416
47 Hans Mayer: «Zwei Ansichten über Georg Lukács». In: Mayer, «Zur deutschen Literatur der Zeit». Reinbek 1967. S. 245
48 Thomas Mann: «Briefe 1937–1947». Frankfurt a. M. 1963. S. 579
49 Thomas Mann: «Die Entstehung des Doktor Faustus». Frankfurt a. M. 1949. S. 126–127
50 «Briefwechsel mit Thomas Mann». In: «Sinn und Form» 7 (1955), S. 669
51 *Geschichte und Klassenbewußtsein,* a. a. O., S. 17
52 Hans-Dietrich Sander: «Marxistische Ideologie und Allgemeine Kunsttheorie». Basel–Tübingen 1970. S. 220
53 *Parteidichtung.* In: *Schriften zur Ideologie und Politik,* a. a. O., S. 400
54 *Geschichte und Klassenbewußtsein.* In: *Frühschriften II.* Neuwied 1968. S. 710–711
55 «Offener Brief des Exekutivkomitees der Kommunistischen Internationale an die Mitglieder der Kommunistischen Partei Ungarns» (1928). In: *Schriften zur Ideologie und Politik,* a. a. O., S. 734
56 *Geschichte und Klassenbewußtsein,* a. a. O., S. 32
57 Vorwort (von 1967) zu: *Geschichte und Klassenbewußtsein,* a. a. O., S. 40.

Noch im Sommer 1956 sagte Lukács bei einer Funktionärsversammlung: «Es ist bekannt, daß ich wegen der Blum-Thesen Selbstkritik übte [das Versammlungsprotokoll vermerkt Gelächter]. Heute, ein Vierteljahrhundert später, kann ich sagen, daß ich diese Selbstkritik nicht aus Überzeugung abgelegt habe, sondern weil ich sonst aus der Komintern ausgeschlossen worden wäre. Wenn sie sich auch mit anderen Themen beschäftigten, so demonstrierten meine literarischen Arbeiten seit 1930 doch, daß ich den Kern der Blum-Thesen nicht verworfen hatte.»

58 Victor Serge: «Beruf: Revolutionär». Frankfurt a. M. 1967. S. 218
59 Siehe: *Geschichte und Klassenbewußtsein*, a. a. O., S. 39
60 Helga Gallas: «Marxistische Literaturtheorie. Kontroversen im Bund proletarisch-revolutionärer Schriftsteller». Neuwied 1971. S. 120–122
61 *Geschichte und Klassenbewußtsein*, a. a. O., S. 33
62 Werner Mittenzwei: «Die Brecht-Lukács-Debatte». In: «Sinn und Form» 19/1967, H. 1, S. 235
63 Georg Lukács: s. Anm. 65.
64 S. Anm. 65.
65 *«Größe und Verfall» des Expressionismus.* Dieser Aufsatz von Georg Lukács erschien 1934 in Heft 1 der Internationalen Literatur, Moskau, und in Buchform wurde er erstmals veröffentlicht in *Schicksalswende. Beiträge zu einer neuen deutschen Ideologie* (Berlin 1948).
Der Aufsatz löste eine große Debatte aus, die allgemein als ein Kulminationspunkt in der Entwicklungsgeschichte der marxistischen Realismus-Theorie aufgefaßt wird. Die Diskussion wurde eröffnet von Klaus Mann mit einem Aufsatz «Gottfried Benn, die Geschichte einer Verirrung» in der Zeitschrift «Das Wort» 9 (1937). (Die literarische Monatsschrift «Das Wort», herausgegeben von Bertolt Brecht, Willi Bredel und Lion Feuchtwanger, erschien vom Juli 1936 bis März 1939 in Moskau.) In derselben Nummer erschien auch unter dem Pseudonym Bernhard Ziegler, hinter dem sich Alfred Kurella verbarg, eine weitere Abrechnung mit Benn unter dem Titel «Nun ist dies Erbe zuende...», eine Überschrift, die auf Gottfried Benns Brüsseler Rede aus dem Jahre 1916 Bezug nimmt. Klaus Mann hatte schon in einem Vortrag im Herbst 1930 in Wien «Zweifel an Gottfried Benn» angemeldet.
In einem privaten Brief an den von ihm einst sehr verehrten Benn aus Le Lavandou vom 9. Mai 1933 hielt er dem in Deutschland und in der von den Nazis annektierten Akademie der Künste Verbliebenen, aus der Thomas und Heinrich Mann ausgetreten waren, seine Kooperation mit den Nationalsozialisten vor. Gottfried Benn erwiderte in seiner berühmt gewordenen Antwort an die «Literarischen Emigranten» – ein Offener Brief, den er am 24. Mai 1933 im Rundfunk verlas und der einen Tag später in der «Deutschen Allgemeinen Zeitung» veröffentlicht wurde. Klaus Manns Brief wurde erst von Gottfried Benn mit einem respektvollen Kommentar in seiner autobiographischen Schrift «Doppelleben» (1950) veröffentlicht. Dem Aufsatz in «Das Wort» ging ein Artikel von Klaus Mann «Gottfried Benn oder die Entwürdigung des Geistes» in «Die Sammlung» 1 (1933) voraus. Unveröffentlicht blieb eine größere Auseinandersetzung Klaus Manns mit dem literarischen Expressionismus; das Manuskript ist datiert Noordwijk-Zaanvoort, Juni/Juli 1934. Alle erwähnten Texte Klaus Manns sind gesammelt in dem von Martin Gregor-Dellin herausgegebenen Band «Prüfungen. Schriften zur Literatur» (München 1968).
Die beiden Beiträge von Klaus Mann und Kurella lösten eine heftige Diskussion aus, an der fünfzehn Autoren und bildende Künstler teilnahmen, unter anderen Herwarth Walden: «Vulgärexpressionismus»

(«Das Wort» 2/1938); Gustav von Wangenheim: «Klassischer Expressionismus» («Das Wort» 3/1938); Heinrich Vogeler: «Erfahrungen eines Malers» («Das Wort» 6/1938); Rudolf Leonhard: «Eine Epoche» («Das Wort» 6/1938); Ernst Bloch: «Diskussionen über Expressionismus» («Das Wort» 6/1938); außerdem hatten Hanns Eisler und Ernst Bloch in «Die neue Weltbühne» 1 (1938) mit einem Beitrag «Die Kunst zu erben» eingegriffen. Lukács beendete die gesamte Debatte mit dem Aufsatz *Es geht um den Realismus* («Das Wort» 6/1938), in dem er besonders auf Bloch eingeht, aber sich auch besonders polemisch mit Eisler auseinandersetzt. Kurella schließlich resümierte die gesamte Diskussion in einem «Schlußwort», in dem er zugab, daß von einer Diskussion eigentlich nicht die Rede sein könnte, «weil die ganze Aussprache offensichtlich im Zeichen von Ressentiments stand». Er bezog seinen eigenen einleitenden Aufsatz ausdrücklich mit ein und distanzierte sich vor allem von der eigenen These, daß der Expressionismus, konsequent durchgeführt, in den Faschismus führe: «Der berüchtigte Satz ist falsch». Einen Satz *Es mag den Eislers überlassen werden ...* nahm Brecht zum Anlaß einer geharnischten Entgegnung, die damals unveröffentlicht blieb und erstmals unter der Überschrift «Kleine Berichtigung» in «Schriften zum Theater» Bd. 3 gedruckt wurde (Frankfurt a. M. 1963).
Lukács veränderte diesen Passus seiner Polemik in der verbesserten Fassung seiner Realismus-Aufsätze. Sie erschienen in Buchform erstmals, teilweise überarbeitet, 1955 in Berlin in einem Sammelband *Probleme des Realismus*, nachdem ein Teil der Arbeiten schon 1948 unter dem Titel *Essays über Realismus* veröffentlicht worden war.
Ernst Blochs Aufsatz erschien inzwischen in «Erbschaft dieser Zeit» (Frankfurt a. M.; erw. Ausg. 1962).
Bertolt Brecht, Mitherausgeber der Zeitschrift «Das Wort», hielt nicht nur Lukács' kritischen Ansatzpunkt für falsch, sondern auch die Debatte für politisch inopportun. In einem Brief an den Chefredakteur Willi Bredel beklagte er sich über Lukács' Versuch, ihn zur dekadenten Literatur zu zählen, und plädierte dafür, die Debatte abzubrechen. Erstmals 1958 in Heft 4 von «Sinn und Form» erschien sein Aufsatz «Volkstümlichkeit und Realismus», dann in Band III der «Schriften zum Theater» ein Text über «Fragen des Formalismus in der Dramatik» und die erwähnte «Kleine Berichtigung zur Verteidigung Hanns Eislers», die er durch einen Abschnitt ergänzte, der ursprünglich in seinem Aufsatz «Praktisches zur Expressionismus-Debatte» gestanden hatte. Dieser Aufsatz, wie alle übrigen von Brecht zum Thema, wurden erstmals veröffentlicht in dem von Werner Heck redigierten Band «Schriften zur Literatur und Kunst» Bd. II (Berlin–Weimar 1966).
Walter Benjamin notiert am 29. Juli 1938 in seinen «Svendborger Notizen»: «Brecht liest mir mehrere polemische Auseinandersetzungen mit Lukács vor, Studien zu einem Aufsatze, den er im Wort veröffentlichen soll. Es sind getarnte, aber vehemente Angriffe. Brecht fragt mich, was ihre Publikation angeht, um Rat. Da er mir gleichzeitig erzählt, Lukács habe derzeit drüben eine große Stellung, so sage ich

ihm, ich könne ihm keinen Rat geben. ‹Hier handelt es sich um Machtfragen. Dazu müßte sich jemand von drüben äußern. Sie haben doch Freunde dort?› Brecht: ‹Eigentlich habe ich dort keine Freunde. Und die Moskauer selber haben auch keine – wie die Toten.›»

66 Ernst Bloch: «Erbschaft dieser Zeit». Frankfurt a. M. 1969. S. 270

67 *Die Theorie des Romans.* Neuwied 1962. S. 18

68 Ein Jahr zuvor hatte Lukács schon einmal das Thema in dem Aufsatz *Die Sickingen-Debatte zwischen Marx/Engels und Lassalle* aufgegriffen.

69 Zahlreiche Anti-Stalin-Äußerungen Lukács' in Artikeln und Interviews der sechziger Jahre wirken wie Korrekturen. Einige sind bitterspöttisch wie etwa die, man habe die Hegelsche Dialektik «These, Antithese, Synthese» durch Stalins «Denunziation, Gegendenunziation, Liquidierung» ersetzt. Andere sind bekennerisch im Sinne seiner Partisanentheorie: *Ich war gezwungen, eine Art Partisanenkrieg für meine wissenschaftlichen Ideen zu führen, d. h., mit einigen Stalin-Zitaten das Erscheinen meiner Arbeiten zu ermöglichen und in diesen dann meine abweichende Anschauung mit der nötigen Vorsicht so offen auszudrücken, wie es der jeweilige historische Spielraum gestattete. Daraus folgte zuweilen ein Gebot des Schweigens.*

70 «Die Rote Fahne», 20. April 1930: «Mehring, zur Literaturgeschichte»; «Der Rote Aufbau» 3 (1932), S. 130–137, «Der Rote Aufbau» 4 (1932), S. 180–187: «Franz Mehring als Literaturwissenschaftler»; *Kritik der Literaturtheorie Lassalles.* In: «Der Rote Aufbau» 18, S. 851 f; 19, S. 900 f.
Außerdem publizierte der sowjetische Kritiker Franz P. Schiller in der «Internationalen Literatur» 2 (1932), S. 77 f einen Aufsatz «Franz Mehring und die marxistische Literaturwissenschaft». Höhepunkt bildet Franz Sauerlands Buch «Der dialektische Materialismus» und der Artikel von Lukács' Emigrationsgefährten Julius Alpari in Nr. 96 der «Internationalen Pressekorrespondenz» gegen dieses Buch.

71 *Franz Mehring.* In: *Beiträge zur Geschichte der Ästhetik.* Berlin 1954

72 Es handelt sich um drei Briefstellen über Bruno Bauer bzw. Chateaubriand und die Kritik am Naturrecht Gustav Hugos in der «Rheinischen Zeitung» von 1842.

73 Sander, a. a. O., S. 222

74 Die beiden Briefe, die Anna Seghers im Juni 1938 und im Februar 1939 an Georg Lukács richtete, wurden in Heft 5 (1939) der «Internationalen Literatur» abgedruckt. Anna Seghers lebte in Paris, Lukács in Moskau; darauf bezieht sich der erste Absatz des Briefs vom 28. Juni 1938. Der Briefwechsel wurde erstmals in Buchform veröffentlicht in Lukács' *Essays über Realismus* (Berlin 1948). Auch dieser Briefwechsel ist Bestandteil der großen Realismus-Debatte, Teil des Streits, ob Realismus eine Methode ist, ein Stil oder ob es, wie die Seghers fragt, «überhaupt ein wirkliches Kunstwerk gibt, in dem nicht eine Substanz Realismus enthalten ist, nämlich eine Tendenz zur Bewußtmachung von Wirklichkeit».

75 «Seine Dialektik hätte uns alle überzeugen müssen, wenn nicht Freund

und Feind längst gewöhnt gewesen wäre, daß Lukács' Ausführungen viel zu schwer verständlich sind, es wäre also verlorene Anstrengung, ihm zuzuhören.» In: Julius Hay, «Geboren 1900». Reinbek 1971. S. 220

76 a. a. O., S. 277–278

77 Ernst Fischer: «Erinnerungen und Reflexionen». Reinbek 1969. S. 357

78 *Ich ging formell und inhaltlich von der Gedankenwelt aus, die damals in der ungarischen Intelligenz und in der ungarischen Autorenschaft lebendig war ...*
Ich bin heute noch davon überzeugt, daß ich eine Anzahl von Fragen richtiggestellt und beantwortet habe. Andererseits aber sehe ich auch ein, daß ich bei meinen Folgerungen häufig zu sehr von der damals gegebenen ideologischen Situation ausging, in bezug auf die Konsequenzen selbst jedoch nicht weit genug gegangen bin ...
Dieses übermäßige Streben nach Anpassung an die ideologische Situation, wie sie unmittelbar nach der Befreiung bestand, hatte schon damals die nachteilige Folge ... daß es von den Wankelmütigen, von einer in dumpfem Widerstand verharrenden Intelligenz häufig zur Rechtfertigung ihres eigenen Widerstandes ausgenutzt werden konnte.
Solche ideologisch falschen Auswirkungen konnten dadurch entstehen, daß ich meine Ausdrucksweise zu sehr der damals gegebenen Lage angepaßt habe.
Quelle: «Társadalmi Szemlé», August/September 1949 (ungarisch).

79 *Solschenizyn.* Neuwied 1970. S. 74

80 *Existentialismus oder Marxismus?* Berlin 1951

81 Jean-Paul Sartre: «Question de méthode» in «Critique de la raison dialectique» 1960, der Text erschien erstmals in «Les Temps Modernes» 1957/58 – dtsch. Ausgaben: «Marxismus und Existentialismus» 1964, «Kritik der dialektischen Vernunft» (*ohne* «Marxismus und Existentialismus») 1967.

82 Jean-Paul Sartre: «Marxismus und Existentialismus. Versuch einer Methodik». Reinbek 1964 (= rowohlts deutsche enzyklopädie. 196). S. 26

83 a. a. O., S. 21

84 «Marxisme et existentialisme. Controverse sur la dialectique.» Par Jean-Paul Sartre, Roger Garaudy u. a. Paris 1962

85 Robert Havemann: «Ja, ich hatte Unrecht». In: Havemann, «Rückantworten an die Hauptverwaltung ‹Ewige Wahrheiten›». München 1971.
Ein halbes Jahr nach der (westdeutschen) Veröffentlichung seines Taschenbuchs «Dialektik ohne Dogma?» (1964) veröffentlichte die Ost-Berliner Zeitschrift «Forum» (2/1965) Auszüge aus früheren Publikationen Havemanns, die konträr andere Standpunkte formulierten – mit dem offensichtlichen Ziel, Havemann der Gesinnungslumperei zu überführen. Havemanns Erwiderung durfte trotz eines von ihm angestrengten presserechtlichen Prozesses nicht erscheinen – und wurde gedruckt in «Die Zeit», 20. Jg., Nr. 19 vom 7. Mai 1965.

86 Vgl. Sartre, «Marxismus und Existentialismus», a. a. O., S. 34: «Das kommt daher, weil sie sich einfach nicht mehr von sich selbst frei machen können: sie lehnen (aus Furcht, aus Haß oder aus Faulheit) den gegnerischen Satz schon in dem Augenblick ab, in dem sie sich ihn allererst erschließen wollen. Dieser Widerspruch hindert sie. Sie verstehen buchstäblich kein Wort von dem, was sie lesen. Und ich tadle dieses Unverständnis nicht etwa im Namen eines bürgerlichen Objektivismus, sondern im Namen des originären Marxismus; je besser sie das kennen werden, was sie verwerfen und verurteilen, um so genauer werden sie es verwerfen und um so siegreicher werden sie es ablehnen.»

Havemann: «Rückantworten an die Hauptverwaltung ‹Ewige Wahrheiten›», a. a. O., S. 62: «Ich habe ‹Die schmutzigen Hände› von Sartre nie gelesen. Ich wollte es nicht. Es hätte mir auch nicht geholfen. Heute habe ich das in ‹Rowohlts Deutscher Enzyklopädie› erschienene Buch ‹Marxismus und Existentialismus› gelesen. Ich fand darin einen anderen Sartre. Von ihm stammt auch das Wort ‹Sklerose› zur Charakterisierung der dogmatischen Erstarrung des Marxismus unter dem Einfluß des Stalinismus, welches dem ‹Forum› wie auch dem ‹Spiegel› das Stichwort für die Überschriften ihrer Artikel gab.

Aber was sagte Sartre wirklich: ‹Man verstehe uns jedoch richtig: diese Sklerose ist keine reguläre Alterserscheinung. Sie ist das Ergebnis einer Weltlage von ganz besonderer Art. Der Marxismus ist längst noch nicht erschöpft, er ist noch ganz jung, er steckt fast noch in den Kinderschuhen: er hat kaum begonnen, sich zu entwickeln. Er bleibt also die Philosophie unserer Epoche: er ist noch nicht überlebt, weil die Zeitumstände, die ihn hervorgebracht haben, noch nicht überlebt sind. Unser ganzes Denken kann sich nur auf diesem Nährboden bilden. Es muß sich in diesem Rahmen halten oder im Leeren verlieren oder rückläufig werden.›»

87 Nr. 2 (1956), S. 133–147

88 «Die politische Plattform der Harich-Gruppe». Vollständig abgedruckt in Günther Hillmann: «Selbstkritik des Kommunismus. Texte der Opposition». Reinbek 1967 (= rowohlts deutsche enzyklopädie. 272/273). S. 189–197

89 *Verlorene Illusionen.* In: *Balzac und der französische Realismus.* Berlin 1952. S. 55

90 *Balzac und der französische Realismus,* a. a. O., S. 5

91 Hans Koch: «Politik, Literaturwissenschaft und die Position von Georg Lukács». In: «Georg Lukács und der Revisionismus». Berlin 1960. S. 92–93:

«Die proletarisch-revolutionäre Literatur der zwanziger Jahre wird wegen mangelnder ‹inhaltlicher Wahrheit› abgelehnt. (Darüber wird noch zu sprechen sein.)

Die von proletarischen Autoren geschaffene antifaschistische Literatur wird entweder mit der bürgerlichen antifaschistischen Literatur gleichgesetzt oder tiefer als diese gestellt.

Lukács trifft zwischen den großen Werken der antifaschistischen Literatur keine soziale Differenzierung. Er stellt die – von sozialistischer Warte geschaffene – Deutschland-Lyrik Johannes R. Bechers in eine ganz mechanische Parallelität zum ideologischen Gehalt des vorzüglichen Goethe-Romans von Thomas Mann. Überhaupt erscheint, nach Lukács' Lob zu urteilen, ‹Lotte in Weimar› als das Spitzenwerk der antifaschistischen Widerstandsliteratur. Thomas Mann lege hier ‹den Grund dazu, die originär deutschen Kräfte der Freiheit und des Fortschritts freizusetzen›. Lukács verneint ganz ausdrücklich die Kräfte der Arbeiterklasse als die ‹originären Kräfte der Freiheit und des Fortschritts› im Kampf gegen den Faschismus; denn dort, wo diese wirkliche Hauptkraft des Kampfes um Freiheit und Fortschritt literarische Gestaltung findet – in Anna Seghers' Roman ‹Das siebte Kreuz› –, beanstandet Lukács, daß das ‹tiefe Warum des Kampfes [gegen den Faschismus. H. K.] ... auch hier von einem ... Schleier verhüllt› bleibe. Hier tritt der politische Kern der Ablehnung der sozialistischen Literatur bzw. ihrer Tieferstellung unter die bürgerliche Literatur klar hervor. Es versteht sich fast von selbst, daß von einer solchen Warte Werke wie Bredels ‹Prüfung›, wie Friedrich Wolfs ‹Professor Mamlock›, wie der im faschistischen Deutschland geschriebene Roman ‹Unsere Straße› von Jan Petersen, wie Weinerts Gedichte gegen den Faschismus, wie die Spanien-Literatur usw. keiner Erwähnung wert sind. Sie werden in Bausch und Bogen entweder als ‹Publizistik› ästhetisch oder gar als ‹Vulgär-Antifaschismus› politisch diffamiert.»

92 «Georg Lukács zum siebzigsten Geburtstag». Berlin 1955, S. 75

93 Béla Fogarasi: «Der revisionistische Charakter einiger philosophischer Konzeptionen». In: «Georg Lukács und der Revisionismus», a. a. O., S. 321

94 «Aufbau» 12. Jg., H. 9 (1956), S. 761–769. Wiedergedruckt in: *Schriften zur Ideologie und Politik*, a. a. O.

95 Lukács wurde 1969 wieder in die KPU aufgenommen.

96 Hans Dieter Bahr: «Zuversicht statt Hoffnung». In: «Der Monat» 209, Februar 1966, S. 72

97 Hans Heinz Holz: «Sein und Bewußtsein». In: «Gespräche mit Georg Lukács». Hg. von Theo Pinkus. Reinbek 1967 (= Rowohlt Paperback. 57). S. 25

98 Für diesen berühmtgewordenen Satz gibt es widersprechende Quellen. Alfred Kantorowicz berichtet in seinem Tagebuch: «Das Zusammentreffen der Freund-Feinde Ernst Bloch–Georg Lukács. Sie hatten einander seit mehr als 20 Jahren nicht gesehen. In ihrer Jugend, als sie in Heidelberg studierten, hatte es zwischen ihnen Konflikte auf ihrer höchsten geistigen Ebene gegeben. Sie saßen, ihre Frauen zur Seite, einander gegenüber. Ich, an der Längsseite des Tisches zwischen ihnen, wie ein Katalysator. Das funkelte und zischte epigrammatisch über den Tisch hin und wider. Man hätte das Wesentliche sofort notieren sollen; jetzt ist es nicht mehr getreulich zu rekonstruieren. Noch habe ich im Ohr, wie Lukács trocken bemerkte: ‹Nun ja, Talent ist ohnehin eine Rechtsabweichung›. Dies lächelnd. Aber seine Selbstqual wurde erkenntlich, als er andeutete, wie viertelgebildete Klein-

bürgerschnösel auch in seiner Heimat dekretieren, was zu schreiben und wie ‹richtig zu denken› sei.»
In einem späteren Interview («Sonntagsblatt» 15 vom 11. April 1965) sagte Lukács dagegen: *Es war zur Rákosi-Zeit, als im hiesigen Schriftstellerverband ein Vortrag über den sozialistischen Realismus gehalten wurde. In der anschließenden Diskussion sagte ich zu dem Redner: «Ihrer Ansicht nach könnte also Talent nur eine rechte Abweichung sein.»*

99 «Der Spiegel» 17 (1970), S. 153

100 «Literarni Noviny» 3 vom 18. Januar 1964

101 *Lob des 19. Jahrhunderts.* In: «In Sachen Böll». Hg. von Marcel Reich-Ranicki. Köln 1968

102 Alle Zitate sind entnommen aus: «Gespräche mit Georg Lukács». Hans Heinz Holz, Leo Kofler, Wolfgang Abendroth. Hg. von Theo Pinkus. Reinbek 1967. S. 32, 54, 69, 105, 118.

103 *Ästhetik Teil I: Die Eigenart des Ästhetischen* 1. und 2. Halbbd. Neuwied 1963.
Der Band trägt folgende Widmung:
Die Werke, in denen ich die wesentlichsten Ergebnisse meiner Entwicklung zusammenzufassen gedenke, meine Ethik und meine Ästhetik, deren erster, selbständiger Teil hier vorliegt, sollten als bescheidener Versuch einer Danksagung für mehr als 40 Jahre Gemeinschaft an Leben und Denken, an Arbeit und Kampf, Gertrud Bortstieber- Lukács, gest. am 28. April 1963, gewidmet sein. Jetzt kann ich sie nur ihrem Gedenken widmen.

104 «Gespräche mit Georg Lukács», a. a. O., S. 25

105 *Die Eigenart des Ästhetischen*, a. a. O., S. 477

106 Theodor W. Adorno: «Erpreßte Versöhnung». In: Adorno, «Noten zur Literatur II». Frankfurt a. M. 1970. S. 185

ZEITTAFEL

1885	13. April: Geboren in Budapest.
1904	Zusammen mit Sándor Hevesi und László Bánoczy Gründer der Thalia-Bühne in Budapest. Mitglied der 1901 gegründeten «Soziologischen Gesellschaft».
ab 1906	Ständiger Mitarbeiter der Zeitschriften «Huszadik Század» [Das XX. Jahrhundert] und «Nyugat» [Der Westen]. «Huszadik Század», das Organ der Soziologischen Gesellschaft, erschien erstmals im Jahre 1900, als unabhängige Zeitschrift der radikalen bürgerlichen Intellektuellen, in der Probleme des geistigen wie des aktuell-politischen Lebens diskutiert wurden. «Nyugat» wurde 1908 begründet unter der Redaktion von Hugo Veigelsberg (Ignotus), Ernö Osváth, Miksa Fengö und Lajos Hatvany. Sie ist während dieser Zeit eine der radikalen Zeitschriften gewesen und hat die literarische Erneuerung in Ungarn entscheidend beeinflußt.
1908	Verleihung des Krisztina-Preises der Kisfaludy-Gesellschaft für sein erst 1911 in zwei Bänden veröffentlichtes Buch *A modern dráma fejlödésének története* (*Entwicklungsgeschichte des modernen Dramas*).
1909	Promotion zum Dr. phil an der Universität Budapest.
1909/10	Besuch von Vorlesungen (u. a. von Georg Simmel) an der Universität Berlin. Bekanntschaft mit Ernst Bloch.
ab 1910	Reisen, vor allem in Deutschland, Italien und Frankreich.
1911	Veröffentlichung von *Die Seele und die Formen* (1910 in ungarischer Sprache erschienen). Aufenthalt in Berlin, Budapest und Italien (Florenz). Intensiver Briefwechsel mit Paul Ernst.
1912	Aufenthalt in Berlin, Frankreich, Italien.
1913	Italien, Budapest. Heidelberg: Bekanntschaft unter anderen mit Max Weber und Emil Lask, mit Stefan George und Friedrich Gundolf, Hörer von Heinrich Rickert und Wilhelm Windelband. Arbeit an einer Habilitationsschrift über den Zusammenhang von Ethik und Geschichtsphilosophie am Beispiel Dostojevskijs.
1914/15	Aufenthalt in Heidelberg. Niederschrift der *Theorie des Romans*.
1915/16	Rückkehr nach Budapest, dort (da für den Kriegsdienst untauglich geschrieben) Arbeit bei der Briefzensur.
1916	Wieder in Heidelberg.
1916/17	Budapest.
1917	Heidelberg.
Ende 1917	Endgültige Rückkehr nach Budapest. Mitwirkung im Rahmen der Veranstaltungen der unter anderen von Karl Mannheim, Ervin Szabó, Béla Fogarasi und Arnold Hauser ins Leben gerufenen «Freischule der Geisteswissenschaften».
1918	Dezember: Eintritt in die Kommunistische Partei Ungarns, die

sich unter Béla Kun am 21. November 1918 konstituiert hatte. Einfluß des Syndikalismus von Ervin Szabó sowie der Ideen von Henriette Roland-Holst und Rosa Luxemburg.

1919 März–August: Zuerst Stellvertretender Volkskommissar, dann Volkskommissar für das Unterrichtswesen in der Räteregierung Béla Kun und politischer Kommissar der 5. Roten Division. Veröffentlichungen im Zentralorgan der KPU «Vörös Vjsaj» [Rote Zeitung], dessen Chefredakteur László Rudas war. Im Zuge großangelegter Experimente für die geistige und künstlerische Erneuerung Ungarns Mitbegründer des «Forschungsinstituts für Historischen Materialismus» in Budapest.

August–September: Nach dem Sturz der Rätediktatur in Ungarn zunächst in der Untergrundbewegung zusammen mit Otto Korvin, dem ehemaligen Chef der politischen Polizei, der noch im August 1919 gefangengenommen und 1920 hingerichtet wurde; dann Flucht nach Wien.

Oktober: Verhaftung in Wien.

November: Aufruf «Zur Rettung von Georg Lukács», unterzeichnet von F. F. Baumgarten, R. Beer-Hofmann, R. Dehmel, P. Ernst, B. Frank, M. Harden, A. Kerr, H. Mann, Th. Mann, E. Preetorius, K. Scheffler.

Ende 1919 Freilassung.

ab 1920 Führendes Mitglied der in der Wiener Emigration fortgeführten KPU (Sektion der Kommunistischen Internationale). Lukács gehörte in den zahllosen Auseinandersetzungen innerhalb der KPU während der zwanziger Jahre der Landler-Fraktion an.

1920/21 Leitender Redakteur der Zeitschrift «Kommunismus».

1920 Kontroverse mit Lenin wegen seines in der Zeitschrift «Kommunismus» veröffentlichten Artikels «Zur Frage des Parlamentarismus».

Dezember: Referat über *Weltreaktion und Weltrevolution* auf der 2. Südostkonferenz der Kommunistischen Jugendinternationale in Wien.

1921 Delegierter der KPU auf dem III. Weltkongreß der Kommunistischen Internationale in Moskau (als Angehöriger der gegen Béla Kun kämpfenden Fraktion der KPU). Zusammentreffen mit Lenin.

1922–1924 In Wien.

1923 Veröffentlichung von *Geschichte und Klassenbewußtsein.*

1924 Juni–Juli. Auf dem V. Weltkongreß der Kommunistischen Internationale Angriffe von Bucharin und vor allem Sinowjew gegen Graziadei, Bordiga, Korsch, Boris und Lukács: Vorwurf der «Linksabweichung». Darauf Angriffe von Rudas und Deborin gegen *Geschichte und Klassenbewußtsein* in der «Arbeiter-Literatur». Veröffentlichung von *Lenin. Studie über den Zusammenhang seiner Gedanken.*

1926 Veröffentlichung von *Moses Hess und die Probleme der ideali-*

stischen Dialektik.

1928/29 Verbreitung der von Lukács unter dem Pseudonym «Blum» verfaßten Thesen für den 2. Kongreß der illegalen KPU (*Blum-Thesen*), in denen er einen direkten Übergang vom Horthy-Regime in die revolutionäre Diktatur des Proletariats für ausgeschlossen hielt und das Konzept der *demokratischen Diktatur* erstmals entwickelte.

1929 Drei Monate illegaler Aufenthalt in Ungarn. Angriff auf Lukács im «Offenen Brief des Exekutivkomitees der Kommunistischen Internationale an die Mitglieder der Kommunistischen Partei Ungarns»: Vorwurf der «Rechtsabweichung». Selbstkritik wegen der *Blum-Thesen.* Rückzug aus der aktiven Parteiarbeit.

1930/31 Aufenthalt in Moskau. Mitarbeiter des Marx-Engels-Lenin-Instituts unter Rjazanov.

1931–1933 Aufenthalte in Berlin. Zeitweilig 2. Vorsitzender der (oppositionellen) Berliner Ortsgruppe des Schutzverbandes Deutscher Schriftsteller: Vortragstätigkeit im Rahmen des Verbandes. Mitglied des Bundes proletarisch-revolutionärer Schriftsteller. Ausarbeitung des «Entwurfs zu einem Programm des ‹Bundes proletarisch-revolutionärer Schriftsteller›» (1931/32); zahlreiche Veröffentlichungen in «Die Linkskurve», dem Organ des Bundes. Erste Formulierungen seines Standpunktes im Rahmen der Auseinandersetzungen über die «schöpferischen Methoden der proletarisch-revolutionären Literatur».

1933 Autobiographische Skizze *Mein Weg zu Marx* (erstmals veröffentlicht 1955).

1933–1944 Emigration in der Sowjet-Union.
Selbstkritik wegen *Geschichte und Klassenbewußtsein* (1933/34). Ausarbeitung der großen literarhistorischen Werke, die erst nach dem Krieg in deutscher Sprache veröffentlicht wurden: Entwurf des Konzepts des *großen Realismus.*

1933–1938 sowie 1942–1944 Mitarbeiter im Philosophischen Institut der Akademie der Wissenschaften der UdSSR in Moskau.
Mitglied der Akademie der Wissenschaften der UdSSR (1934).
Zeitweise Mitglied der Redaktionskollegien der Zeitschriften «Internationale Literatur» und «Uj Hang» [Neue Stimme], die in Moskau erschienen.

1944 Rückkehr nach Ungarn. Mitglied des ungarischen Parlaments, Mitglied des Präsidiums der Ungarischen Akademie der Wissenschaften, Mitglied des Landesrates der patriotischen Volksfront, Mitglied des Weltfriedensrates. Ordentlicher Professor für Ästhetik und Kulturphilosophie an der Universität Budapest. In rascher Folge erscheinen die bekannten literaturwissenschaftlichen Arbeiten in verschiedenen Sprachen.

1946 Diskussion mit Karl Jaspers im Rahmen der «Rencontres internationales de Genève» über das Thema «L'Esprit européen» und Vortrag *La Vision aristocratique et démocratique du monde.* Lukács formuliert hier, unter Betonung der ideologischen Auseinandersetzung, seine in den *Blum-Thesen* bereits anklingende und 1956 wiederaufgenommene These vom Bündnis zwischen Sozialismus und Demokratie gegen den gemeinsamen Feind, den Faschismus.

1947 Veröffentlichung von *Irodalom és demokrácia* bei Szikra in Budapest. Lukács beschäftigt sich in dieser Arbeit mit dem Stand der Kultur in der ungarischen Volksdemokratie und vertritt die These, daß der Weg bis zur Verwirklichung einer sozialistisch-kommunistischen Kultur noch weit ist.

1948 Veröffentlichung von *Der junge Hegel.*

1949 Teilnahme an der Hegel-Konferenz «Les Nouveaux Problèmes de la recherche hégélienne» in Paris. Erneute Angriffe auf Lukács von L. Rudas, seinerzeit Leiter der Parteihochschule, J. Révai, damals Mitglied des Politbüros der PUW, Minister für Kultur und Chefredakteur von «Szabad Nép» [Freies Volk], sowie Márton Horváth, dem Stellvertreter Révais im Ministerium der Kultur und der Redaktion von «Szabad Nép»: Vorwurf der «Rechtsabweichung». Lukács übt Selbstkritik.

1951 Angriffe auf Lukács von József Darvas, dem damaligen Minister für Volksbildung und Vorsitzenden des ungarischen Schriftstellerverbandes, auf dem I. Kongreß der ungarischen Schriftsteller. Lukács ist gezwungen, sich aus dem politischen Leben zurückzuziehen.

1955 13. April: Hommage von József Szigéti anläßlich des 70. Geburtstages in «Szabad Nép». Festschrift des Aufbau-Verlages «Georg Lukács zum siebzigsten Geburtstag». Lukács wird Korrespondierendes Mitglied der Deutschen Akademie der Wissenschaften in Berlin.

1956 Lukács sympathisiert mit dem im März gegründeten «Petöfi-Kreis» und der Gruppe Nagy–Losonczy.

15. Juni: Unter dem Vorsitz von Lukács findet die philosophische Debatte des Petöfi-Kreises, auf der Fragen der Literaturwissenschaft und Probleme der philosophischen Ausbildung an den Universitäten zur Sprache kamen, statt. Lukács' Diskussionsreden sind seine ersten öffentlichen Auseinandersetzungen mit dem Stalinismus und die Besinnung auf die Lage in Ungarn nach dem XX. Parteitag der KPdSU.

28. Juni: Berühmt gewordener Vortrag über *Der Kampf des Fortschritts und der Reaktion in der heutigen Kultur* in der Politischen Akademie der Ungarischen Partei der Werktätigen. Lukács nimmt die Gedanken aus seinem Vortrag *La Vision aristocratique et démocratique du monde* (1946) wieder auf.

Ende Juni: Diskussion über die erstmals offiziell gedruckten *Blum-Thesen* im Institut für Parteigeschichte. Die *Blum-Thesen* werden in wesentlichen Punkten von der PUW anerkannt. Lukács widerruft Teile seiner ehemaligen Selbstkritik.

Oktober–November: Mitglied des ZK der KPU (MSZMP); in der Regierung Nagy Minister für Volksbildung. Nach Scheitern der Revolution Deportation nach Rumänien.

1957 10. April: Rückkehr nach Budapest. Lukács lebt nunmehr zurückgezogen vor allem seinen ästhetischen und ethischen Studien.

1957/58 Angriffe von J. Szigéti, seinem ehemaligen Schüler, der zu dieser Zeit Stellvertreter des Ministers für Kultur ist; erneut Vorwurf der «Rechtsabweichung».

1958 Oktober–November: Diskussion des philosophischen Werkes und des «Revisionismus» von Lukács im Institut für Philosophie an der Ungarischen Akademie der Wissenschaften, Budapest. An den Diskussionen beteiligen sich unter anderen Béla Fogarasi, László Erdei, Georg Tamas, József Selmeczi, Wilhelm Sós, Georg Márkus, Maria Makai. Angriff auf Lukács von E. Balogh, seinerzeit Inhaber des Lehrstuhls für Philosophie an der Parteihochschule in Budapest. Balogh kritisierte vor allem Lukács' 1954 erstmals im Aufbau-Verlag erschienenes Werk *Die Zerstörung der Vernunft.* Veröffentlichung einer Nachschrift zu *Mein Weg zu Marx*, dort Abrechnung mit Stalin.

1962 8. Februar: Weitere Abrechnung mit der Stalin-Zeit im Brief an Alberto Carocci, den Herausgeber der «Nuovi Argomenti». Als erster Band der Gesamtausgabe erscheint Bd. 9 (*Die Zerstörung der Vernunft*) im Luchterhand Verlag.

1963 April: Tod von Gertrud Bortstieber-Lukács. Teil I der *Ästhetik* erscheint im Luchterhand Verlag im Rahmen der Gesamtausgabe.

1964 18. Januar: Interview mit der Prager Zeitschrift «Literarni Noviny» im Zusammenhang mit den Prager Literatur-Diskussionen; Lukács beharrt auf seinen früheren Ansichten, daß *große* Literatur *realistisch* sei.

1965 Februar: Interview mit der italienischen Parteizeitung «Rinascita». Jg. 22, Nr. 9 (Teilübersetzung in «Express-International», Frankfurt a. M. 17. April 1965).

13. April: Im Westen und zum Teil im Osten gefeierter 80. Geburtstag. Veröffentlichung der «Festschrift zum achtzigsten Geburtstag von Georg Lukács» (Hg. von Frank Benseler) im Luchterhand-Verlag.

1966 Juni: Interview mit Branko Peitsch, veröffentlicht in der ungarischen Zeitung «Hid» (Teilübersetzung in «Die Welt» vom 23. Juni 1966, S. 11).

September: Gespräche mit Georg Lukács in Budapest (Hans Heinz Holz, Leo Kofler, Wolfgang Abendroth).

Die *Ästhetik* erscheint in vier Bänden in Spanisch bei Grijalbo. Spanische Ausgabe von Lukács' Schriften zur Literatur, Soziologie (Hg. von Peter Ludz im Verlag Peninsula).

1967 Japanische Ausgabe von Lukács' *Über die Besonderheit als Kategorie der Ästhetik* bei Orion Press. Beginn der Taschenbuchausgabe in vier Bänden bei Rowohlt.

1968 *Der große Oktober 1917 und die heutige Literatur* in: «Kürbiskern» I/1968, gekoppelt mit Angriffen auf den Realismusbegriff bei Lukács. *Die Eigenart des Ästhetischen* erscheint in japanischer Übersetzung beim Verlag Keiso Sobo. Interview über Koexistenz mit Ervin Gyertyán in: «Kortars» Mai 1968 (englisch in «New Hungarian Quarterly» 32, Vol. IX/1968, S. 166 f). Lukács beteiligt sich an der Anthologie «In Sachen Böll» mit seinem *Lob des 19. Jahrhunderts.* Sozialistischer Reprint früher Aufsätze von Georg Lukács unter dem Titel *Organisation und Partei*; es folgen weitere Raubdrucke von *Geschichte und Klassenbewußtsein* und *Die Seele und die Formen.* Neuauflage von *Geschichte und Klassenbewußtsein* als Bd. 2 (Frühschriften II) der Luchterhand-Gesamtausgabe. Polnische Ausgabe von Lukács' *Die Theorie des Romans* bei WIW.

1969 Auswahl kunsttheoretischer Schriften von Lukács durch N. Tertullian im rumänischen Verlag Editura pentru. Wiederaufnahme in die Ungarische Kommunistische Partei. Ehrendoktor der Universität Zagreb.

1970 Die Januar-Nummer der Moskauer Literaturzeitschrift «Okjabr» kritisiert Lukács' Literatur-Theorie. Japanische Aufsatzsammlung über Georg Lukács bei Orion Press mit Beiträgen von Benseler, Rühle, Brecht, Bloch, Adorno, Völker, Kettler, Kerényi, Steiner, Demetz, Ludz. Italienische Taschenbuchausgabe von Lukács.

März: Ehrendoktor der Universität Gent.

Lenin und *Schriften zum Realismus* bei Einaudi. Englische Ausgabe von Georg Lukács' *Lenin* bei New Left Books.

April: Veröffentlichung von fünf Arbeiten von Lukács über Lenin anläßlich des 100. Geburtstags von Lenin im Budapester Verlag Magvetö.

10. April: Interview mit A. Reif: «Der schlechteste Sozialismus ist besser als der beste Kapitalismus.»

August: Verleihung des Goethe-Preises der Stadt Frankfurt.

November: Diagnose der Krebserkrankung.

30. Dezember: Letzter eigenhändiger Brief (an Ernst Bloch: *... so hoffe ich, in den nächsten Monaten eine ‹Prolegomena zur Ontologie des gesellschaftlichen Seins› fertigstellen zu können. Ob ich dann eine theoretische Fortsetzung – Entwicklung der menschlichen Gattungsmäßigkeit – zu schreiben versuchen werde oder, was meine jüngeren Freunde sehr wünschen, eine intellektuelle Autobiographie, ist noch nicht sicher*).

Januar: Diktat der Autobiographie.

April: Letztes Interview (mit Yvon Bourdet, veröffentlicht in ‹L'Homme et la société› Nr. 20/1971).

1971 4. Juni: Tod. «Sein Leben war der Versuch, die Zerstörung der Vernunft aufzuhalten und Mittel zur Befreiung der Menschheit und damit für den wahren Anfang der menschlichen

Geschichte auszubreiten.»
11. Juni: Beerdigung auf dem Kerepesi-Friedhof in Budapest. Beteiligung des Zentralkomitee der Ungarischen Arbeiterpartei (u. a. durch György Aczel). Grabreden von Istvan Friss (Ungarische Akademie der Wissenschaften) und Tibor Déry: «Unablässig und unermüdlich hat er sich mit all seinen Fähigkeiten bemüht, den Menschen zu rechtfertigen.»
Juli: Funde im Nachlaß: *Heidelberger Ästhetik, Philosophie der Kunst, Prolegomena zur Ontologie, Sowjetunion, Sozialismus und ČSSR.*
September: Beschluß über die Errichtung eines Lukács-Archivs. Vorsitzender des Gründungsausschusses ist der Stiefsohn Ferenc Janossy, dem testamentarisch alle literarischen Rechte übertragen sind.
September: Taschenbuchausgabe des 3. Kapitels der *Ontologie des gesellschaftlichen Seins: Hegels falsche und echte Ontologie.*
Beschluß, eine vollständige Taschenbuchausgabe der Werke in der ‹Sammlung Luchterhand› zu veröffentlichen.

Thomas Mann

Mein Glückwunsch zu Georg Lukács' siebzigstem Geburtstag muß kurz sein – es ist der eines überforderten alten Mannes. Aber ich will aussprechen, daß ich den Menschen Lukács hochachte der Opfer wegen, die er seinen Überzeugungen gebracht, des strengen Lebens, das er sich auferlegt hat. Und aussprechen will ich, daß ich die gleiche Hochachtung habe für seine geistige Arbeit, mit der ich zum erstenmal in Berührung kam durch seinen frühen Essayband «Die Seele und die Formen», ein Werk von außerordentlicher ästhetischer Sensibilität. Seitdem habe ich sein kritisches Werk mit Aufmerksamkeit, Respekt und sehr zu meinem Nutzen verfolgt. Was vor allem daran meine Sympathie erregt hat, ist der Sinn für Tradition und Kontinuität, von dem es geleitet ist und dem es großenteils sein Dasein verdankt. Denn geradezu vorzugsweise gilt seine Analyse älterem literarischen Kulturgut, in dem er belesen ist wie der konservativste Historiker und mit dem er die neue Welt seines Glaubens in Verbindung zu bringen, ihren Wissens- und Lerneifer dafür zu erwecken sucht. Daß er dabei vornehmlich die gesellschaftskritischen Elemente dieser Leistungen der bürgerlichen Kultur aufsucht und aufzeigt, ist nur recht und billig und verringert keineswegs meine Wertschätzung eines Mittlerwerkes zwischen den Sphären und Zeitaltern, das mir inspiriert scheint von einer Idee, welche heute überall in beklagenswert geringen Ehren steht: der Idee der Bildung.

In: «Gesammelte Werke» Bd. X: «Reden und Aufsätze 2». Frankfurt a. M. 1960

Anna Seghers

Die Anziehungskraft, die von Lukács' Artikeln und Büchern ausging, kam aus einer anderen Quelle, auch wenn wir mühsam und langsam lasen, ungeschult oder unbegabt im philosophischen Denken, auch wenn wir ihm widersprachen, auch wenn er selbst Fehler machte. Denn wir fühlten, was uns dieser Mann zeigen will, das ist die Wirklichkeit in ihrer revolutionären Entwicklung.

Seit ich Lukács selbst kenne, wünsche ich mir beim Lesen, daß er eintritt, damit ich mit ihm streiten kann. Aus dem Hörensagen ist Freundschaft und Liebe geworden, aber ich kenne kaum einen Schriftsteller, der mir so gegenwärtig und deutlich beim Lesen wird, eben durch den heftigen Wunsch, mich mit ihm auseinanderzusetzen.

In: «Georg Lukács zum siebzigsten Geburtstag». Berlin 1955

Arnold Zweig

Als der zweite Weltkrieg vor dem Ausbruch stand, berührten sich unsere Kreise wieder. Im dritten Heft des Jahrgangs 1939 der «Internationalen Literatur» hatten Sie sich mit meinen Romanen beschäftigt, lieber Georg Lukács, und wahrscheinlich im Sommer jenes Jahres erreichte es mich Abonnenten, und ich ließ mir vorlesen, was darin stand. Und obwohl ich viele herzerfreuende Rezensionen meines «Sergeanten Grischa» in Briefen, Zeitungen und Zeitschriften der Jahre 1927–1929 erhalten und damals noch selber gelesen hatte, in den führenden Sprachen der europäischen Literatur, erkannte ich doch bald: hier war eine andere Hand und ein anderer Geist am Werke, tauchte eine Sonde bis auf den Grund meiner Begabung, umschrieb ein Schriftsteller den wichtigsten Teil meines Umkreises mit gültigen Sätzen. Teufel, dachte ich, nicht allein ich habe zugelernt und an Fülle gewonnen durch den Kontakt mit dem wirklichen Leben, durch Erkenntnisse der wahrhaft vorhandenen und wirksamen gesellschaftlichen Kräfte – dieser Kritiker hier auch.

In: «Georg Lukács zum siebzigsten Geburtstag». Berlin 1955

Ernst Bloch

Georg Lukács hat als Einziger fast das Niveau der fälligen, gültigen Sache selbst betreten. Der Augenblick, allen anderen eine begriffliche Verlegenheit, ist hier zum Moment der Entscheidung, des Durchblicks in Totalität erhöht. Lukács Buch «Geschichte und Klassenbewußtsein» (Malik-Verlag) führt dergestalt Marx wieder auf Hegel zurück und diesen bedeutsam kräftig über sich hinaus; auch hier zieht eine Metaphysik des dich in Existenz Verstehens, der Herausschlagung unseres Haupts, unserer Wirklichkeit aus dem krummen Prozeß darauf hin, ihre dialektischen Kreise. Zwar wird es das Buch nicht ganz leicht haben, seine guten Leser zu finden. Die Russen etwa, welche philosophisch handeln, aber denken wie die ungebildeten Hunde, werden sogar einen Abfall darin wittern. Von den Revisionisten unendlich verschieden, sind sie doch in fast gleicher Weise vom philosophischen Erbe abgetrieben, und manche ihrer werden sagen, Marx habe nicht Hegel dazu auf die Füße gestellt, damit Lukács Marx wieder auf den Kopf stelle. Die üblichen Philosophiegelehrten andererseits werden aus ihrer zutiefst unbeteiligten, rein betrachtenden Einstellung heraus keinen Zugang zu dieser einzig legitimen Hegel-Renaissance finden können; Lasks tiefsinnige Untersuchungen, mannigfach auf Lukács' Problemstellungen bezüglich, sind bislang ohne Fortführung geblieben. Der andauernde Blick auf die Verfahrensweisen und Fraktionen der Einzelwissenschaften, der erkenntnistheoretische Formalismus dazu, wie er den Ausdruck einer konkreten Gesamtanschauung teils verhinderte, teils auch ihren Mangel beschönigte – dieser eigentlich tätige Müßiggang gab gerade dem Grundproblem der klassischen deutschen Philosophie, dem Subjekt-Objekt-Problem, eine Enge, von der erst das Lukács'sche Buch wieder zu erlösen beginnt.

Wichtig genug ist also dieses Buch, um sich seine verstreuten, seine epochalen Gedanken auf kleinem Raum nochmals zu erwerben. Um schließlich selbst am Gegensatz noch die tiefliegende Übereinstimmung zu besitzen, in der sich, bedeutsamerweise, die zwei Philosophen dieser Zeit seit alters befinden.

«Philosophische Aufsätze zur objektiven Phantasie».
Frankfurt a. M. 1969

Hans Mayer

Wirkungen auf das Geistesleben des 20. Jahrhunderts, die unabsehbar sind: das reicht von den frühen Essays bis zum Alterswerk in der großen klassizistisch-realistischen Frage nach der «Eigenart des Ästhetischen». Viele Wirkungen dieses Mannes sind bedenklich zu nennen: gerade auch im Bereich der deutschen Literaturgeschichte. Er hat unendlich viel falsche Positionen in der deutschen Literaturwissenschaft zerstört, und eines Tages werden es sogar die offiziellen deutschen Germanisten zur Kenntnis nehmen müssen. Aber er hat auch dazu beigetragen, nach dem Kriege den jungen Menschen in Leipzig und Dresden, in Jena und Rostock den Blick auf Kleist und die deutsche Romantik zu versperren, auf Kafka, die Bedeutung des Expressionismus, auf Brecht, erst recht auf die moderne Weltliteratur von Joyce und Faulkner bis zu Sartre und Beckett. Mit Berufung auf Goethe und Balzac und Thomas Mann, mit scheinbar «orthodoxem Marxismus» war das nicht mehr zu bewältigen. Viele geistige Positionen gegenüber dem nun achtzigjährigen sind heute möglich. Nur eine nicht: Ignoranz, Nichtwissen, Nichtbeachten. Gerade in Deutschland hängt die Zukunft der Literaturwissenschaft und des modernen ästhetischen Denkens entscheidend davon ab, wie es gelingt, mit dem Gesamtwerk dieses Mannes die Auseinandersetzung zu wagen, um es in seiner Gesamtheit und vielen Einzelheiten, nach guter Hegel-Weise, «aufzuheben». Womit dreierlei gemeint ist: Konservierung, Annullierung, Sublimierung.

«Zur deutschen Literatur der Zeit». Reinbek 1967

Theodor W. Adorno

Noch der Gestus der Unerkennbarkeit der Welt, den Lukács an Autoren wie Eliot oder Joyce so unverdrossen bemängelt, kann zu einem Moment der Erkenntnis werden, der des Bruchs zwischen der übermächtigen und unassimilierbaren Dingwelt und der hilflos von ihr abgleitenden Erfahrung. Lukács vereinfacht die dialektische Einheit von Kunst und Wissenschaft zur blanken Identität, so als ob die Kunstwerke durch Perspektive bloß etwas von dem vorwegnähmen, was dann die Sozialwissenschaften brav einholen.

«Noten zur Literatur II». Frankfurt a. M. 1970

Peter Demetz

Lukács' Bemühung ist reich an legitimen literarischen Einsichten. Seine Untersuchungen zum Roman Walter Scotts, seine Deutung der Zeitstruktur im Werk Tolstojs und Thomas Manns, seine scharfsinnigen Analysen zur Ästhetik Schillers und Mehrings sind echte Leistungen eines hartnäckig kritischen Geistes. Man wird gut daran tun, Lukács' Gesamtwerk, in dem sich eine der extremen Möglichkeiten moderner Literaturtheorie entfaltet, als Palimpsest zu lesen, hinter dessen roter Schrift die goldenen Lettern des deutschen philosophischen Idealismus immer wieder unauslöschlich hervorleuchten.

«Marx, Engels und die Dichter». Stuttgart 1959

Ernst Fischer

Es war, als habe sein Geist sich diesen zarten und zähen Körper mit äußerster Sparsamkeit gebaut, um nur das nötigste vom Stoff der Welt an ihn abzugeben und alles übrige dem Denken vorzubehalten. Sein Dasein ist gelebtes Denken. «Weißt Du, das ist schrecklich interessant!» So leitet er häufig das Gespräch ein. Und dann ist er imstande, stundenlang ein philosophisches, politisches, literarisches Thema zu variieren, lebhafter, farbiger, brillanter, wenn er spricht, als wenn er schreibt. Er ist einer der bedeutenden Marxisten unseres Zeitalters, ein sehr edler Charakter. Ich ehre ihn als Lehrer, liebe ihn als Menschen und streite gegen viele seiner ästhetischen Auffassungen.

«Erinnerungen und Reflexionen». Reinbek 1969

Ich möchte, mit anderen Worten, Ihnen selbst zu Bewußtsein bringen und zugleich Ihre Leser darauf aufmerksam machen, wie gehaltvoll und richtiggebend wichtig oft die kleinen, über das jeweilige Thema hinausweisenden Bemerkungen sind, die Sie in Parenthese zu machen pflegen. Und ich will damit sagen, daß Ihr Werk, im ganzen genommen, sich in doch sehr viel höherem Maße einer umfassenden Philosophie- und Literaturgeschichte der vergangenen zweihundert Jahre nähert, als die Titel Ihrer Bücher und die bescheidenen Warnungen in Ihren Vorworten vermuten lassen . . . Ihre Bemerkungen zu Themen, über die zu sprechen «hier nicht der Ort» ist, verraten jedesmal, daß Ihr literar- und philosophiehistorisches Werk einem Eisberg gleicht, von dem nur der kleinere Teil über der Spiegelfläche des Meeres zu sehen ist. In Wahrheit steht hinter dem scheinbar lockeren Gefüge Ihrer Arbeiten, für die Sie die Form des Essays bevorzugen und die es an schulgerechter Philologie so durchaus fehlen lassen, eine sorgfältig durchdachte, in ihren Proportionen wohlausgewogene Geschichte des europäischen Geistes von der bürgerlichen Aufklärung des 17. und 18. Jahrhunderts bis zur Sowjetliteratur . . .

Heute kommt es freilich noch keinem marxistischen Philosophie- und Literaturhistoriker zu, Sie als seinen «Vorgänger» anzusprechen. Aber Vorgänger verlangen, das darf und soll man, und wer es ernstlich tut, kann nicht umhin, Ihr Schüler zu werden. Viele dürfen sich bereits mit Stolz so nennen, und je eifriger sie bei Ihnen in die Lehre gehen, je intensiver sie bemüht sein werden, Ihren Hinweisen auch dort zu folgen, wo diese nur vage Andeutungen zu sein scheinen, desto eher wird eine reiche, vielgestaltige, so umfassende wie interessante marxistische Philosophiegeschichte und Literaturwissenschaft entstehen, der Sie vorangegangen sein und die Bahn gebrochen haben werden.

In: «Georg Lukács zum siebzigsten Geburtstag». Berlin 1955

BIBLIOGRAPHIE

Die folgende Bibliographie will in einer Auswahl über die bisherige Rezeption von Lukács' Werk sowie über den gegenwärtigen Stand der Diskussion um Lukács informieren. Sie enthält keinerlei kritische Wertung. Grundsätzlich unberücksichtigt blieben Zeitungsartikel von und über Lukács. – Stand der Bibliographie: Frühjahr 1972.

1. *Bibliographien*

a) Zu Lukács' Schriften
(ohne Berücksichtigung der zahlreichen Auswahlbibliographien)

ZITTA, VICTOR: Bibliography. In: ZITTA, Georg Lukács' Marxism. Alienation, dialectics, revolution. The Hague 1964. S. 253–285 [Verzeichnet Lukács' Schriften bis 1956/57.]

HARTMANN, JÜRGEN: Chronologische Bibliographie der Werke von Georg Lukács. In: Festschrift zum achtzigsten Geburtstag von Georg Lukács. Hg. von FRANK BENSELER. Neuwied–Berlin 1965. S. 625–696 [Verzeichnet Lukács' Schriften bis 1965.]

Veröffentlichungen deutscher sozialistischer Schriftsteller in der revolutionären und demokratischen Presse, 1918–1945. Berlin–Weimar 1966. S. 349–356

b) Zur Literatur über Lukács

LUDZ, PETER: III. Literatursoziologisch relevante Arbeiten und Kritiken über Lukács. In: GEORG LUKÁCS, Schriften zur Literatursoziologie. Ausgew. und eingel. von PETER LUDZ. [Werkauswahl Bd. 1.] Neuwied 1961. S. 510–513 (= Soziologische Texte. 9)

ZITTA, VICTOR: Select bibliography on Lukács. In: ZITTA, Georg Lukács' Marxism. Alienation, dialectics, revolution. The Hague 1964. S. 285–287

GLOWKA, DETLEF: Literaturverzeichnis. II. Teil. In: GLOWKA, Georg Lukács im Spiegel der Kritik. Diss. Berlin 1968. S. 242–252

2. *Werke*

a) Gesamtausgabe

Werke. Bd. 1–15. Neuwied–Berlin (Luchterhand) 1962 f

Davon bisher erschienen:

Bd. 2: Frühschriften II. Geschichte und Klassenbewußtsein. 1968. 733 S.

Bd. 4: Probleme des Realismus I. Essays über Realismus. 1971. 678 S.

Bd. 5: Probleme des Realismus II. Der russische Realismus in der Weltliteratur. 1964. 572 S.

Bd. 7: Deutsche Literatur in zwei Jahrhunderten. 1964. 626 S.

Bd. 8: Der junge Hegel. Über die Beziehung von Dialektik und Ökonomie 3. Aufl. 1967. 703 S.
Bd. 9: Die Zerstörung der Vernunft. 1962. 758 S.
Bd. 10: Probleme der Ästhetik. 1969. 811 S.
Bd. 11: Ästhetik Teil I: Die Eigenart des Ästhetischen. 1. Halbbd. 1963. 851 S.
Bd. 12: Ästhetik Teil I: Die Eigenart des Ästhetischen. 2. Halbbd. 1963. 887 S.
Vgl. zum Inhalt der einzelnen Bände die detaillierte Übersicht in: Georg Lukács zum 13. April 1970. Neuwied–Berlin 1970. S. 164–175 (= ad lectotes 10)

b) Auswahlausgaben

Schriften zur Literatursoziologie. Ausgew. und eingel. von PETER LUDZ. [Werkauswahl Bd. 1.] Neuwied 1961. 568 S. (= Soziologische Texte. 9) – 4. Aufl. 1970
Schriften zur Ideologie und Politik. [Werkauswahl Bd. 2.] Ausgew. und eingel. von PETER LUDZ. Neuwied–Berlin 1967. LVI, 851 S. (= Soziologische Texte. 51)
Von Nietzsche bis Hitler oder Der Irrationalismus in der Deutschen Politik. Frankfurt a. M. 1966. 268 S. (= Fischer Bücherei. 784)
Die Grablegung des alten Deutschland. Essays zur deutschen Literatur des 19. Jahrhunderts. Ausgewählte Schriften I. Reinbek 1967. 172 S. (= rowohlts deutsche enzyklopädie. 276)
Faust und Faustus. Vom Drama der Menschengattung zur Tragödie der modernen Kunst. Ausgewählte Schriften II. Reinbek 1967. 328 S. (= rowohlts deutsche enzyklopädie. 285/286/287)
Russische Literatur – Russische Revolution. Puschkin. Tolstoi. Dostojewskij. Fadejew. Makarenko. Scholochow. Solschenizyn. Ausgewählte Schriften III. Reinbek 1969. 328 S. (= rowohlts deutsche enzyklopädie. 314/315/316)
Marxismus und Stalinismus. Politische Aufsätze. Ausgewählte Schriften IV. Reinbek 1970. 251 S. (= rowohlts deutsche enzyklopädie. 327/328)

c) Einzelausgaben

Aufgeführt werden die deutschsprachigen Veröffentlichungen in chronologischer Folge ihres ersten Erscheinens. Unberücksichtigt blieben Lukács' Rezensionen. Vgl. dazu die Bibliographie von J. HARTMANN (s. u. 1. a).

I. Bücher

Die Seele und die Formen. Essays. Berlin 1911. 375 S.
Die Theorie des Romans. Ein geschichtsphilosophischer Versuch über die Formen der großen Epik. Berlin 1920. 168 S.
Geschichte und Klassenbewußtsein. Studien über marxistische Dialektik. Berlin 1923. 344 S. (= Kleine revolutionäre Bibliothek. 9)

Lenin. Studie über den Zusammenhang seiner Gedanken. Wien 1924. 77 S.
Moses Hess und die Probleme der idealistischen Dialektik. Leipzig 1926. 51 S.
Gottfried Keller. Kiew 1940. 111 S.
Deutsche Literatur während des Imperialismus. Eine Übersicht ihrer Hauptströmungen. Berlin 1945. 70 S.
Fortschritt und Reaktion in der deutschen Literatur. Berlin 1945. 119 S.
Goethe und seine Zeit. Bern 1947. 207 S.
Der junge Hegel. Über die Beziehungen von Dialektik und Ökonomie. Zürich–Wien 1948. 720 S.
Essays über Realismus. Berlin 1948. 265 S.
Schicksalswende. Beiträge zu einer neuen deutschen Ideologie. Berlin 1948. 356 S.
Karl Marx und Friedrich Engels als Literaturhistoriker. Berlin 1948. 248 S.
Der russische Realismus in der Weltliteratur. Berlin 1949. 293 S.
Thomas Mann. Berlin 1949. 113 S.
Existentialismus oder Marxismus? Berlin 1951. 183 S.
Deutsche Realisten des 19. Jahrhunderts. Berlin 1951. 307 S.
Balzac und der französische Realismus. Berlin 1952. 103 S.
Puschkin–Gorki. (Zwei Essays.) Leipzig 1952. 158 S.
Skizze einer Geschichte der neueren deutschen Literatur. Berlin 1953. 163 S.
Die Zerstörung der Vernunft. Berlin 1954. 692 S.
Beiträge zur Geschichte der Ästhetik. Berlin 1954. 438 S.
Der Historische Roman. Berlin 1955. 396 S.
Wider den mißverstandenen Realismus. Hamburg 1958. 156 S.
Der junge Marx. Seine philosophische Entwicklung von 1840 bis 1844. Pfullingen 1965. 71 S.
Zur Ontologie des gesellschaftlichen Seins. Hegels falsche und echte Ontologie. Neuwied–Berlin 1971. 132 S. (= Sammlung Luchterhand. 49)

II. Aufsätze, Zeitschriftenartikel

Über Sehnsucht und Form. In: Die neue Rundschau 12 (1911), S. 192–198
Metaphysik der Tragödie. In: Logos 2 (1911), S. 79–91
Von der Armut am Geiste. Ein Gespräch und ein Brief. In: Neue Blätter II, 5–6 (1912), S. 67–92
Zur Soziologie des modernen Dramas. In: Archiv für Sozialwissenschaft und Sozialpolitik 38 (1914), S. 303–345, 662–706
Ariadne auf Naxos. In: Paul Ernst zu seinem 50. Geburtstag. Hg. von W. Mahrholz. München 1916. S. 11–18
Die Theorie des Romans. In: Zeitschrift für Ästhetik und Allgemeine Kunstwissenschaft 2 (1916), S. 225–271, 390–431
Die Subjekt-Objekt-Beziehung in der Ästhetik. In: Logos 7 (1917/18), S. 1–39
Emil Lask. Ein Nachruf. In: Kant-Studien 22 (1918), S. 349–370
Zur Organisationsfrage der Intellektuellen. In: Kommunismus 1,3 (1920), S. 14–18
Zur Frage des Parlamentarismus. In: Kommunismus 1,6 (1920), S. 161–172

Organisationsfragen der dritten Internationale. In: Kommunismus 1,8/9 (1920), S. 238–250
Klassenbewußtsein. In: Kommunismus 1,14 (1920), S. 415–423; 1,15 (1920), S. 468–473
Die moralische Sendung der kommunistischen Partei. In: Kommunismus 1,16/17 (1920), S. 482–488
Kapitalistische Blockade, proletarischer Boykott. In: Kommunismus 1,25/26 (1920), S. 847–854
Opportunismus und Putschismus. In: Kommunismus 1,32 (1920), S. 1107–1115
Legalität und Illegalität. In: Kommunismus 1,35 (1920), S. 1259–1264; 1,36/37 (1920), S. 1324–1333
Die Krise des Syndikalismus in Italien. In: Kommunismus 1,40 (1920), S. 1432–1440
Kassel und Halle. In: Kommunismus 1,41/42 (1920), S. 1466–1473
Alte und neue Kultur. In: Kommunismus 1,43 (1920), S. 1538–1549
Der Parteitag der Kommunistischen Partei Deutschlands. In: Kommunismus 1,44 (1920), S. 1561–1564
Rosa Luxemburg als Marxist. In: Kommunismus 2 (15. 1. 1921)
Vor dem dritten Kongreß. In: Kommunismus 2,17/18 (1921), S. 583 f
Spontaneität der Massen. Aktivität der Partei. In: Die Internationale 3,6 (1921), S. 208–215
Organisatorische Fragen der revolutionären Initiative. In: Die Internationale 3,8 (1921), S. 298–307
Moses Hess und die Probleme der idealistischen Dialektik. In: Archiv für die Geschichte des Sozialismus und der Arbeiterbewegung 12 (1926), S. 105–155
Shaws Bekenntnis zur Sowjetunion. In: Die Linkskurve 9 (1931), S. 5–8
Über das Schlagwort Liberalismus und Marxismus. In: Der Rote Aufbau 21 (1931), S. 856–860
Willi Bredels Romane. In: Die Linkskurve 3,11 (1931), S. 23–27
Gegen die Spontaneitätstheorie in der Literatur. In: Die Linkskurve 4,4 (1932), S. 30–33
Tendenz oder Parteilichkeit. In: Die Linkskurve 4,6 (1932), S. 13–21
Der faschisierte Goethe. In: Die Linkskurve, Goethe-Sonderheft, Juni 1932, S. 32–40
Reportage oder Gestaltung. Kritische Bemerkungen anläßlich des Romans von Ottwalt. In: Die Linkskurve 4,7/8 (1932), S. 23–30; 4,8 (1932), S. 26–31. Vgl. dazu die Entgegnung Ottwalts, ebd. 4,10, sowie Lukács' Antwort: Aus der Not eine Tugend, ebd. 4,11–12, S. 15–24
Gerhart Hauptmann. In: Die Linkskurve 4,10 (1932), S. 5–12
Kritik der Literaturtheorie Lassalles. In: Der Rote Aufbau 5,18 (1932), S. 851–857; 5,19 (1932), S. 900–904
Die Sickingendebatte zwischen Marx–Engels und Lassalle. In: Internationale Literatur 3,2 (1933), S. 95–126
Mein Weg zu Marx. Schriftsteller über Karl Marx. (Beitrag zum Internationalen Schriftsteller-Kongreß.) In: Internationale Literatur 3,2 (1933), S. 178 f

«Größe und Verfall» des Expressionismus. In: Internationale Literatur 1 (1934), S. 153–173
Hölderlins Hyperion. In: Internationale Literatur 6 (1935), S. 96–110
Nietzsche als Vorläufer der faschistischen Ästhetik. In: Internationale Literatur 8 (1935), S. 76–92
Die intellektuelle Physiognomie der künstlerischen Gestalten. In: Das Wort. Literarische Monatsschrift 4 (1936), S. 72–81
Der Niedergang des bürgerlichen Realismus. In: Das Wort 1,6 (1936), S. 53–67
Friedrich Engels als Literaturhistoriker und Literaturkritiker. In: Internationale Literatur 2 (1936), S. 79–94
Thomas Mann über das literarische Erbe. In: Internationale Literatur 6,5 (1936), S. 56–66
Der Befreier (Gorki). In: Internationale Literatur 9 (1936), S. 5–14
Zum Verfassungsentwurf der UdSSR. Die neue Verfassung der UdSSR und das Problem der Persönlichkeit. Aus einem Vortrag. In: Internationale Literatur 6,9 (1936), S. 50–53
Erzählen oder Beschreiben? In: Internationale Literatur 11 (1936), S. 100–118; 12 (1936), S. 108–123
Der faschisierte und der wirkliche Georg Büchner. In: Das Wort 2 (1937), S. 7–26
Über bürgerlichen Realismus. In: «U» (Vierteljahrsschrift der Gruppe «Block») 1 (1937), S. 43–56
Schillers Theorie der modernen Literatur. In: Internationale Literatur 3 (1937), S. 97–110; 4 (1937), S. 110–123
«Die menschliche Komödie» des vorrevolutionären Rußlands. In: Internationale Literatur 6/7 (1937), S. 123–135
Die Tragödie Heinrich von Kleist. In: Internationale Literatur 8 (1937), S. 105–126
Heinrich Heine als nationaler Dichter. In: Internationale Literatur 9/10 (1937), S. 84–110
Der Briefwechsel zwischen Schiller und Goethe. In: Internationale Literatur 3 (1938), S. 99–125
Der Kampf zwischen Liberalismus und Demokratie im Spiegel des historischen Romans der deutschen Antifaschisten. In: Internationale Literatur 5 (1938), S. 63–83
Marx und das Problem des ideologischen Verfalls. In: Internationale Literatur 7 (1938), S. 103–143
Leo Tolstoi und die Entwicklung des Realismus. In: Internationale Literatur 10 (1938), S. 115–138; 11 (1938), S. 112–145
Das Ideal des harmonischen Menschen in der bürgerlichen Ästhetik. In: Das Wort 3 (1938), S. 82–93
Es geht um den Realismus. In: Das Wort 3,6 (1938), S. 112–138
Der plebejische Humanismus in der Ästhetik Tolstois. In: Das Wort 3,9 (1938), S. 115–121
Wilhelm Meisters Lehrjahre. In: Internationale Literatur 2 (1939), S. 134–148
Arnold Zweigs Romanzyklus über den imperialistischen Krieg 1914–18. In:

Internationale Literatur 3 (1939), S. 112–133
Ein Briefwechsel zwischen Anna Seghers und Georg Lukács. In: Internationale Literatur 5 (1939)
Gottfried Keller. In: Internationale Literatur 6 (1939), S. 95–113; 7 (1939), S. 115–134
Schriftsteller und Kritiker. In: Internationale Literatur 9/10 (1939), S. 165–186
Volkstribun oder Bürokrat. In: Internationale Literatur 1 (1940), S. 82–95; 2 (1940), S. 79–84; 3 (1940), S. 75–81
Eichendorff. In: Internationale Literatur 6 (1940), S. 53–64
Wilhelm Raabe. In: Internationale Literatur 11 (1940), S. 75–83; 12 (1940), S. 17–81
Heine und die ideologische Vorbereitung der 48er Revolution. In: Kommunistische Internationale 3 (1941), S. 164–181
Aktualität und Flucht. In: Internationale Literatur 4 (1941), S. 3–9
Johannes R. Bechers «Abschied». In: Internationale Literatur 5 (1941), S. 54–62
Faust-Studien, I: Zur Entstehungsgeschichte. In: Internationale Literatur 5 (1941), S. 93–102
Faust-Studien, II: Das Drama der Menschengattung. In: Internationale Literatur 6 (1941), S. 87–95
Die verbrannte Poesie. In: Internationale Literatur 5/6 (1942), S. 86–95
Über Preußentum. In: Internationale Literatur 5 (1943), S. 36–47
Der deutsche Faschismus und Hegel. In: Internationale Literatur 8 (1943), S. 60–68
Der deutsche Faschismus und Nietzsche. In: Internationale Literatur 12 (1943), S. 55–64
Schicksalswende. In: Internationale Literatur 10 (1944), S. 16–26
Die deutsche Literatur im Zeitalter des Imperialismus. In: Internationale Literatur 3 (1945), S. 53–65; 4 (1945), S. 62–68; 5 (1945), S. 70–84
Auf der Suche nach dem Bürger. (Betrachtungen zum siebzigsten Geburtstag Thomas Mann.) In: Internationale Literatur 6/7 (1945), S. 58–75
Fortschritt und Reaktion in der deutschen Literatur. In: Internationale Literatur 8/9 (1945), S. 82–103; 10 (1945), S. 91–105
Deutsche Soziologie vor dem ersten Weltkrieg. In: Aufbau 5 (1946), S. 475–489
Die deutsche Soziologie zwischen dem ersten und dem zweiten Weltkrieg. In: Aufbau 6 (1946), S. 585–600
Zwei europäische Philosophen (Marxismus und Existentialismus). [Diskussionsbeiträge von H. von Salis, Lukács, Jaspers und Merleau-Ponty.] In: Die Umschau 2,1 (1947), S. 9–18
Die Tragödie der modernen Kunst. In: Aufbau 1 (1949), S. 59–79; 2 (1949), S. 154–169
Sprachwissenschaft und Literatur. Lehren aus Stalins Arbeiten. In: Aufbau 7,7 (1951), S. 603–607
Der alte Fontane. In: Sinn und Form 3,2 (1951), S. 44–93
Gruß an Arnold Zweig. In: Sinn und Form, Sonderheft für Arnold Zweig

(1952), S. 11–18
Schellings Irrationalismus. In: Deutsche Zeitschrift für Philosophie 1 (1953), S. 53–102
Karl Marx und Friedrich Theodor Vischer. In: Deutsche Zeitschrift für Philosophie 1 (1953), S. 471–513
Kierkegaard. In: Deutsche Zeitschrift für Philosophie 1 (1953), S. 286–314
Einführung in die ästhetischen Schriften von Marx und Engels. In: Sinn und Form 5,1 (1953), S. 5–34
Hegels Ästhetik. In: Sinn und Form 5,6 (1953), S. 17–58
Die Werke von Marx und Engels in Ungarn. In: Börsenblatt für den deutschen Buchhandel 120 (1953), S. 634–641
Kunst und objektive Wahrheit. In: Deutsche Zeitschrift für Philosophie 2 (1954), S. 113–148
Zur philosophischen Entwicklung des jungen Marx (1840–1844). In: Deutsche Zeitschrift für Philosophie 2 (1954), S. 288–343
Die Frage der Besonderheit in der klassischen Philosophie. In: Deutsche Zeitschrift für Philosophie 2 (1954), S. 764–807
Die klassische Form des historischen Romans. In: Sinn und Form 6 (1954), S. 328–346, 554–593
Conrad Ferdinand Meyer und der neue Typus des historischen Romans. In: Neue Deutsche Literatur 12 (1954), S. 95–105
Von der Verantwortung der Intellektuellen (1948). In: Georg Lukács zum siebzigsten Geburtstag. Berlin 1955. S. 232–242
Der Verfall des historischen Bewußtseins. In: Deutsche Zeitschrift für Philosophie 3 (1955), S. 451–464
Der letzte große Vertreter des kritischen Realismus. In: Sinn und Form 7,5 (1955), S. 665–668
Briefwechsel mit Thomas Mann. In: Sinn und Form 7 (1955), S. 669–676
Das Besondere als zentrale Kategorie der Ästhetik. In: Deutsche Zeitschrift für Philosophie 4,2 (1956), S. 133–147
Zur Konkretisierung der Besonderheit als Kategorie der Ästhetik. In: Deutsche Zeitschrift für Philosophie 4,4 (1956), S. 407–434
Das Problem der Perspektive. Vortrag, gehalten auf dem IV. Deutschen Schriftsteller-Kongreß, 11. Januar 1956. In: Beiträge zur Gegenwartsliteratur 1 (1956), S. 75–82
Der Kampf des Fortschritts und der Reaktion in der heutigen Kultur. Vortrag in der Politischen Akademie der KPU am 28. Juni 1956. In: Aufbau 12,9 (1956), S. 761–769
Zur Debatte zwischen China und der Sowjetunion. Theoretisch-philosophische Bemerkungen. In: Forum 10 (1963), S. 519–522, 582–585
Minna von Barnhelm. In: Akzente 11,2 (1964), S. 176–191
Sozialistischer Realismus heute. Kritische Auseinandersetzung mit der Stalinzeit. In: Neue Rundschau 75,3 (1964), S. 401–418
Probleme der kulturellen Koexistenz. In: Forum 11 (1964), S. 181–184, 241–244
Über einen Aspekt der Aktualität Shakespeares. In: Neue Deutsche Hefte 105 (1965), S. 62–68
Methodischer Zweifel. In: Der Monat 211, April 1966, S. 95–96

Taktik und Ethik (1919). Aus dem Ungar. übertr. In: Schriften zur Ideologie und Politik. [Werkauswahl Bd. 2.] Ausgew. und eingel. von PETER LUDZ. Neuwied–Berlin 1967. S. 1–40

Die Rolle der Moral in der kommunistischen Produktion (1919). In: Schriften zur Ideologie und Politik. 1967. S. 75–81

Thesen über die politische und wirtschaftliche Lage in Ungarn und über die Aufgaben der Kommunistischen Partei Ungarns. (Blum-Thesen. 1928.) [Auszug.] In: Schriften zur Ideologie und Politik. 1967. S. 290–322

Parteidichtung (1945). In: Schriften zur Ideologie und Politik. 1967. S. 376–403

Aristokratische und demokratische Weltanschauung. In: Schriften zur Ideologie und Politik. 1967. S. 404–433

Freie oder gelenkte Kunst? (1947). In: Schriften zur Ideologie und Politik. 1967. S. 434–463

Rede in der philosophischen Debatte des Petöfi-Kreises am 15. Juni 1956. [Auszug.] In: Schriften zur Ideologie und Politik. 1967. S. 593–602

Radio-Botschaft an die ungarische Jugend. [Vom 28. Oktober 1956.] In: Schriften zur Ideologie und Politik. 1967. S. 641–642

Vorwort zur italienischen Ausgabe der «Beiträge zur Geschichte der Ästhetik». Mailand 1957. In: Schriften zur Ideologie und Politik. 1967. S. 643–645

Postscriptum 1957 zu: Mein Weg zu Marx. In: Schriften zur Ideologie und Politik. 1967. S. 646–657

In memoriam Hanns Eisler. In: Alternative 12 (1969), S. 220–223

Rede zur Verleihung des Goethepreises der Stadt Frankfurt am 28. August 1970 während des Festaktes in der Paulskirche, verlesen von Alfred Schmidt. In: Georg Lukács zum 13. April 1970. Neuwied–Berlin 1970. S. 121–131 (= ad lectores. 10) – Ebenfalls gedruckt in: Neues Forum 17 (1970), S. 922–924

Lenin und die Fragen der Übergangsperiode (1958). In: Georg Lukács zum 13. April 1970. Neuwied–Berlin 1970. S. 71–88 (= ad lectores. 10)

3. *Gesamtdarstellungen, Würdigungen*

PERLINI, TITO: Utopia e prospettiva in György Lukács. Bari 1968. 470 S.

BAHR, EHRHARD: Georg Lukács. Berlin 1970. 93 S. mit 1 Abb. (= Köpfe des 20. Jahrhunderts. 61)

LICHTHEIM, GEORGE: Georg Lukács. München 1971. 126 S. (= dtv. 748)

WATNICK, MORRIS: Georges Lukács: or aesthetics and communism. In: Soviet Survey 23 (1958), S. 60–66

George Lukács: An intellectual biography. II. Sensibility and alienation. In: Soviet Survey 24 (1958), S. 51–57

III. Relativism and class consciousness. In: Soviet Survey 25 (1958), S. 61–68

Georges Lukács: Geschichte und Klassenbewußtsein. In: Soviet Survey 27 (1959), S. 75–81

CASES, CESARE: Georg Lukács. Eine Würdigung. [1956.] In: CASES, Stich-

worte zur deutschen Literatur. Kritische Notizen. Wien 1969. S. 399–412
BEYER, WILHELM RAIMUND: Vier Kritiken. Heidegger, Sartre, Adorno, Lukács. Köln 1970. 232 S.

4. Festschriften, Gedenkartikel

Georg Lukács zum siebzigsten Geburtstag. [Festschrift.] Berlin 1955. 261 S.
Georg Lukács zum Gruß. In: Aufbau 11 (1955), S. 360–363 [ANNA SEGHERS: Klarheit, Wissen, Überzeugungskraft, S. 360–361; THOMAS MANN: Hochachtung und Sympathie, S. 361; BÉLA FOGARASI: Marxistischer Historiker der Philosophie, S. 362–363]
BENSE, MAX: Georg Lukács zum 70. Geburtstag. In: Augenblick. Aesthetica, Philosophica, Polemica 1 (1955), S. 24–36 – Wiederabdruck in: BENSE, Rationalismus und Sensibilität. Präsentationen. Krefeld–Baden-Baden 1956. S. 122–136
HARICH, WOLFGANG: Der siebzigjährige Georg Lukács. Ein Glückwunschbrief. In: Neue Deutsche Literatur 3 (1955), S. 96–100

Festschrift zum achtzigsten Geburtstag von Georg Lukács. Hg. von FRANK BENSELER. Neuwied–Berlin 1965. 709 S.
BENSELER, FRANK: Ein Lokalpatriot der Kultur. In: Festschrift zum achtzigsten Geburtstag von Georg Lukács. Hg. von FRANK BENSELER. Neuwied–Berlin 1965. S. 13–26 – Ebenfalls gedruckt in: Zum 80. Geburtstag von Georg Lukács. Neuwied–Berlin 1965. S. 59–71 (= ad lectores. 1)
READ, HERBERT: Georg Lukács. Kritik und Gratulation. Zu seinem 80. Geburtstag. In: Forum 12 (1965), S. 180–182
RÜHLE, JÜRGEN: Georg Lukács zwischen Politik und Kunst. Zum 80. Geburtstag des ungarischen Kulturkritikers und Philosophen. In: SBZ-Archiv 16 (1965), S. 86–91

Georg Lukács zum 13. April 1970. Neuwied–Berlin 1970. 201 S. (= ad lectores. 10)
HARICH, WOLFGANG: Adresse an Georg Lukács. In: Georg Lukács zum 13. April 1970. Neuwied–Berlin 1970. S. 89 (= ad lectores. 10)

Dokumentation der Stadt Frankfurt zur Goethepreis-Verleihung. Hg. vom Presse- und Informationsamt. Frankfurt a. M. 1970
BENSELER, FRANK: Lukács, Goethe – Preis und Lohn. In: Georg Lukács zum 13. April 1970. Neuwied–Berlin 1970. S. 132–135 (= ad lectores. 10)
DEMETZ, PETER: Der linke Humanismus und sein Schatten. Zur Verleihung des Goethepreises an Georg Lukács. In: Merkur 24 (1970), S. 1091–1093
HOLTHUSEN, HANS EGON: West-östlicher Ordenssegen für einen alten Konformisten: Goethepreis und Leninorden. Lukács kann offenbar keinem mehr weh tun. In: Georg Lukács zum 13. April 1970. Neuwied–Berlin 1970. S. 116–120 (= ad lectores. 10)

Nenning, Günther: Georg Lukács oder Die Flucht in die Ästhetik. Zu seinem 85. Geburtstag und zum Goethe-Preis. In: Neues Forum 17 (1970), S. 855–857

Schlamm, William S.: Frankfurt verdient eine Lenin-Medaille. In: Georg Lukács zum 13. April 1970. Neuwied–Berlin 1970. S. 136–138 (= ad lectores. 10)

Stahl, Karl Heinz: Georg Lukács und die Zerstörung der Vernunft. Eine Würdigung des Goethepreisträgers 1970. In: Tribüne 9 (1970), S. 3808–3818

5. Zeugnisse: Besuche, Gespräche, Interviews

Spender, Stephen: With Lukács in Budapest. In: Encounter 23 (1964/65), S. 53–57

Bahr, Hans Dieter: Zuversicht statt Hoffnung. Ein Besuch bei Georg Lukács. In: Der Monat 18, 209 (1966), S. 72–79

Renyi, Peter: At home with György Lukács. In: The New Hungarian Quarterly 9 (1968), S. 74–82

Interview der Redaktion von «Szabad Nép» mit Georg Lukács (14. 10. 1956). In: Schriften zur Ideologie und Politik. [Werkauswahl Bd. 2.] Ausgew. und eingel. von Peter Ludz. Neuwied–Berlin 1967. S. 633–640

Gespräche mit Georg Lukács. Hans Heinz Holz, Leo Kofler, Wolfgang Abendroth. Hg. von Theo Pinkus. Reinbek 1967. 133 S., 1 Titelbild (= Rowohlt Paperback. 57)

Ernst Bloch und Georg Lukács im Gespräch mit Iring Fetscher, Johannes B. Metz und Jürgen Moltmann. In: Neues Forum 14 (1967), S. 837–843

Georg Lukács: Alle Dogmatiker sind Defaitisten. [Interview mit einem Prager Journalisten.] In: Neues Forum 15 (1968), S. 281–283 – Wiederabdruck in: Georg Lukács zum 13. April 1970. Neuwied–Berlin 1970. S. 91–98 (= ad lectores. 10)

Georg Lukács: Die Deutschen – eine Nation der Spätentwickler? Gespräch mit Adelbert Reif. In: Georg Lukács zum 13. April 1970. Neuwied–Berlin 1970. S. 100–115 (= ad lectores. 10) – Gekürzte Fassung u. d. T.: Deutschland dein Marx! Gespräch mit Adelbert Reif. In: Neues Forum 16 (1969), S. 357–360

Nach Hegel nichts Neues. Ein Gespräch mit Georg Klos, Kalman Petkovic, Janos Breuer (Belgrad). In: Neues Forum 17 (1970), S. 201–202 – Forts. u. d. T.: Erst Demokratie, dann Wirtschaftsreform. In: Neues Forum 17 (1970), S. 277–278 – Wiederabdruck in: Georg Lukács zum 13. April 1970. Neuwied–Berlin 1970. S. 139–150 (= ad lectores. 10)

6. Einzeldarstellungen

Die internationale Diskussion über Lukács wird vorwiegend in Zeitschriften ausgetragen. Im Rahmen dieser Bibliographie konnten lediglich die wichtigsten, überwiegend deutschsprachigen Arbeiten berücksichtigt werden. Allgemeine Darstellungen zur historisch-politischen, philosophischen, marxistischen und literatursoziologischen Situation sowie Rezensionen zu Lukács' Schriften werden nicht genannt.

a) Lukács und die Zeitgenossen

FORTINI, FRANCO: Lukács und Adorno. In: FORTINI, Die Vollmacht. Literatur von heute und ihr soziologischer Auftrag. Wien–Frankfurt a. M.–Zürich 1968. S. 133–161

MITTENZWEI, WERNER: Die Brecht-Lukács-Debatte. In: Sinn und Form 19,1 (1967), S. 235–269 – Wiederabdruck in: Das Argument 10 (1968), S. 12 f

VÖLKER, KLAUS: Brecht und Lukács. Analyse einer Meinungsverschiedenheit. In: Kursbuch 7 (1966), S. 80 f – Wiederabdruck in: Alternative 12, 67/68 (1969), S. 134–147

DEUTSCHER, ISAAC: Lukács critique de Thomas Mann. In: Les temps modernes 21 (1966), S. 2254–2263

KETTLER, DAVID: Marxismus und Kultur. Mannheim und Lukács in den ungarischen Revolutionen 1918/19. Neuwied–Berlin 1967. 70 S. (= Soziologische Essays. 10)

RÜHLE, JÜRGEN: Gefährten am Kreuzweg. [Anna Seghers und ihr Disput mit Georg Lukács.] In: RÜHLE, Literatur und Revolution. Die Schriftsteller und der Kommunismus. Köln–Berlin 1960. S. 243–255

b) Die partei-ideologische Auseinandersetzung: Lukács und der Revisionismus

LENIN, WLADIMIR ILJITSCH: «Kommunismus». Zeitschrift der Kommunistischen Internationale für die Länder Südosteuropas ... In: LENIN, Werke Bd. 31. Berlin 1959. S. 153–155

DEBORIN, ABRAM: Lukács und seine Kritik des Marxismus. In: Arbeiter-Literatur 1 (1924), H. 10, S. 615 f

RUDAS, LADISLAUS: Orthodoxer Marxismus. In: Arbeiter-Literatur 1 (1924), H. 9, S. 493 f.
Die Klassenbewußtseinstheorie von Lukács. In: Arbeiter-Literatur 1 (1924), H. 10, S. 669 f; H. 12, S. 1064 f

SINOWJEW, G.: Bericht über die Tätigkeit der Exekutive. In: Protokoll des V. Kongresses der Kommunistischen Internationale, 17. Juni bis 8. Juli 1924 in Moskau. Bd. 1. Berlin o. J. [1925]. S. 52–53 – Wiederabdruck u. d. T.: G. Sinowjew gegen die Ultralinken (1924). In: Schriften zur Ideologie und Politik. [Werkauswahl Bd. 2.] Ausgew. und eingel. von PETER LUDZ. Neuwied–Berlin 1967. S. 719–726

Offener Brief des Exekutivkomitees der Kommunistischen Internationale an die Mitglieder der Kommunistischen Partei Ungarns (1928). In: Schriften zur Ideologie und Politik. [Werkauswahl Bd. 2.] Ausgew. und eingel. von PETER LUDZ. Neuwied–Berlin 1967. S. 727–752

Márton Horváth über die Lukács-Diskussion (1949). In: Schriften zur Ideologie und Politik. [Werkauswahl Bd. 2.] Ausgew. und eingel. von PETER

LUDZ. Neuwied–Berlin 1967. S. 753–762
HORVÁTH, MÁRTON: Zur Selbstkritik von Georg Lukács. In: Neues Wort 5 (1950), H. 6, S. 1–8
Diskussion über die Blum-Thesen (1956). [Auszug.] In: Schriften zur Ideologie und Politik. [Werkauswahl Bd. 2.] Ausgew. und eingel. von PETER LUDZ. Neuwied–Berlin 1967. S. 763–774
KOCH, HANS: Theorie und Politik bei Georg Lukács. In: Einheit 12 (1957), S. 960–981 – Wiederabdruck in: Georg Lukács und der Revisionismus. Berlin 1960. S. 103–136
Politik, Literaturwissenschaft und die Position von Georg Lukács. In: Einheit 12 (1957), S. 813–827 – Wiederabdruck in: Georg Lukács und der Revisionismus. Berlin 1960. S. 79–102
ELSBERG, J.: Die falschen Ansichten von Georg Lukács. In: Sowjetwissenschaft. Kunst und Literatur 6 (1958), S. 1044–1052 – Wiederabdruck in: Georg Lukács und der Revisionismus. Berlin 1960. S. 289–302
SZIGETI, JÓZSEF: Georg Lukács und die Folgen. In: Aufbau 14 (1958), S. 597–618 – Wiederabdruck u. d. T.: Noch einmal zur Lukács-Frage. In: Georg Lukács und der Revisionismus. Berlin 1960. S. 137–212
Gegen den philosophischen Revisionismus (1958). In: Schriften zur Ideologie und Politik. [Werkauswahl Bd. 2.] Ausgew. und eingel. von PETER LUDZ. Neuwied–Berlin 1967. S. 775–780
Georg Lukács und der Revisionismus. Eine Sammlung von Aufsätzen. Berlin 1960. 340 S.
FOGARASI, BÉLA: Der revisionistische Charakter einiger philosophischer Konzeptionen von Georg Lukács. In: Georg Lukács und der Revisionismus. Berlin 1960. S. 303–321
GEDÖ, ANDRES: Zu einigen theoretischen Problemen des ideologischen Klassenkampfes der Gegenwart. In: Georg Lukács und der Revisionismus. Berlin 1960. S. 29–78
RÉVAI, JÓZSEF: Die Lukács-Diskussion des Jahres 1949. In: Georg Lukács und der Revisionismus. Berlin 1960. S. 9–28
ZWERENZ, GERHARD: Haut den Lukács. Der ungarische Theoretiker als Ausbund des «Revisionismus». In: SBZ-Archiv 9 (1958), S. 348–353
ACZEL, TAMAS, und TIBOR MERAY: Die Revolte des Intellekts. Die geistigen Grundlagen der ungarischen Revolution. München 1961. 415 S.
BORBANDI, GYULA: György Lukács. In: East Europe, April 1961, S. 32–35; May 1961, S. 28–32
FEJTÖ, FRANÇOIS: Georges Lukács entre le dogmatisme et le révisionisme. In: Esprit 29 (1961), S. 249–260
HANAK, TIBOR: Kommunistische Diskussionen um Georg Lukács. In: Ost-Europa 11 (1961), S. 527–533
WATNICK, MORRIS: Relativismus und Klassenbewußtsein – Georg Lukács. In: Der Revisionismus. Hg. von LEOPOLD LABEDZ. Köln 1965. S. 189–221

c) Die philosophische Position: Marxismus und Ästhetik

MARCK, SIEGFRIED: Georg Lukács und der Irrationalismus. In: Die Neue Gesellschaft 2,5 (1955), S. 44–47

INSELMANN, CLAUS: Soziologie und Ideologie in der Sicht Georg Lukács'. In: Die Neue Gesellschaft 3,1 (1956), S. 52–57

LUDZ, PETER: Der Ideologiebegriff des jungen Marx und seine Fortentwicklung im Denken von Georg Lukács und Karl Mannheim. Diss. Berlin 1956. 371, 154 Bl. [Masch.]

DAHM, HELMUT: Der Irrationalismus als Gegenstand marxistischer Geschichtsphilosophie. Am Beispiel von Georg Lukács. In: Neue politische Literatur 2,10 (1957), S. 750–779

BALOGH, ELEMER: Zur Kritik des Irrationalismus. Eine Auseinandersetzung mit Georg Lukács. In: Deutsche Zeitschrift für Philosophie 6 (1958), S. 58–76, 253–272, 622–633 – Wiederabdruck in: Georg Lukács und der Revisionismus. Berlin 1960. S. 213–288

ZITTA, VICTOR: Georg Lukács' Marxism. Alienation, dialectics, revolution. A study in utopia and ideology. Introduction by HAROLD D. LASSWELL. The Hague 1964. XV, 305 S.

FRÖSCHNER, GÜNTER: Die Herausbildung und Entwicklung der geschichtsphilosophischen Anschauungen von Georg Lukács. Diss. Berlin 1965. V, 412, XVIII Bl. [Masch.]

KENYERES, ZOLTAN: Beginn der Laufbahn Georg Lukács' und sein Weg zum Marxismus. In: Acta litt. 7 (1965), S. 361–375

VASOLI, CESARE: Lukács und Gramsci über Croce. In: Festschrift zum achtzigsten Geburtstag von Georg Lukács. Hg. von FRANK BENSELER. Neuwied–Berlin 1965. S. 303–316

LUDZ, PETER: Der Begriff der «demokratischen Diktatur» in der Philosophie von Georg Lukács. In: Festschrift zum achtzigsten Geburtstag von Georg Lukács. Hg. von FRANK BENSELER. Neuwied–Berlin 1965. S. 39–66 – Wiederabdruck einer überarbeiteten Fassung in: Schriften zur Ideologie und Politik. [Werkauswahl Bd. 2.] Ausgew. und eingel. von PETER LUDZ. Neuwied–Berlin 1967. S. XVII–LV

Die philosophischen Grundlagen der Partisanentheorie von Georg Lukács. In: Praxis 3 (1967), S. 385–395

ROSSHOFF, HARTMUT: Zur Form des Gegenstandbegriffs bei Emil Lask und dem frühen Georg Lukács. Berlin 1970. 195 S.

MESZAROS, ISTVAN: Philosophie des «tertium datur» und des Koexistenzdialogs. In: Festschrift zum achtzigsten Geburtstag von Georg Lukács. Hg. von FRANK BENSELER. Neuwied–Berlin 1965. S. 188–207

RÜHLE, JÜRGEN: Partei und Parteilichkeit. In: Festschrift zum achtzigsten Geburtstag von Georg Lukács. Hg. von FRANK BENSELER. Neuwied–Berlin 1965. S. 67–83

ALTHAUS, HORST: Georg Lukács oder Bürgerlichkeit als Vorschule einer marxistischen Ästhetik. Bern–München 1962. 82 S.

KEMPSKI, JÜRGEN VON: Zur Ästhetik Georg Lukács'. In: Neue Rundschau 76,1 (1965), S. 109–120

GIRNUS, WILHELM: Von der unbefleckten Empfängnis des Ästhetischen. Betrachtungen zur «Ästhetik» von György Lukács. In: Sinn und Form 19 (1967), S. 175–210

LJUNGDAL, ARNOLD: Georg Lukács och marxismens estetik. Stockholm

1967. 95 S.

MASLOW, VERA: Lukács' man-centered aesthetics. In: Philosophy and phenomenology research 27 (1967), S. 542–552

SANDER, HANS-DIETRICH: Marxistische Ideologie und Allgemeine Kunsttheorie. Tübingen 1970. VIII, 285 S.

MICHEL, WILLY: Marxistische Ästhetik – Ästhetischer Marxismus. Bd. I: Georg Lukács' Realismus. Das Frühwerk. Erster Teil. Frankfurt a. M. 1971. 251 S. (= Gegenwart der Dichtung. 3)

d) Die literaturtheoretische Position: Marxismus und Literatur

FADEJEW, A.: Über Parteinahme und Kritik in der Literatur. In: Aufbau 4 (1950), S. 359 f

AYRAULT, R.: Aspects de la critique littérature chez Georges Lukács. In: Études germaniques 8 (1953), S. 171–174

HORST, KARL AUGUST: Literaturkritik von links. Anmerkungen zu Walter Benjamin und Georg Lukács. In: Wort und Wahrheit 11 (1956), S. 519–526

DIERSEN, INGE: Zu Georg Lukács' Konzeption der deutschen Literatur im Zeitalter des Imperialismus. In: Weimarer Beiträge 4 (1958) [Sonderheft], S. 18–25

ECKERT, HORST: Zur Bedeutung der proletarisch-revolutionären Literatur in Deutschland in den Jahren 1927–1933. [Eine Auseinandersetzung mit Georg Lukács.] In: Weimarer Beiträge 4 (1958) [Sonderheft], S. 9–17

HEISE, WOLFGANG: Zur ideologisch-theoretischen Konzeption von Georg Lukács. In: Weimarer Beiträge 4 (1958) [Sonderheft], S. 26–41

KAUFMANN, HANS: Bemerkungen über Realismus und Weltanschauung. In: Weimarer Beiträge 4 (1958) [Sonderheft], S. 42–50

PROSS, HARRY: Georg Lukács und der Realismus. In: Deutsche Rundschau 84 (1958), S. 735–742

THALHEIM, HANS-GÜNTHER: Kritische Bemerkungen zu den Literaturauffassungen Georg Lukács' und Hans Mayers. Zur Frage der Unterschätzung der Rolle der Volksmassen in der Literatur. In: Weimarer Beiträge 4 (1958) [Sonderheft], S. 138–171

KAUFMANN, HANS: Wider den sozialistischen Realismus. Lukács' Konzeption eines «dritten» Weges. In: Neue Deutsche Literatur 7 (1959), S. 209–222 – Wiederabdruck in: Georg Lukács und der Revisionismus. Berlin 1960. S. 322–339

ADORNO, THEODOR W.: Erpreßte Versöhnung. Zu Georg Lukács: «Wider den mißverstandenen Realismus». In: ADORNO, Noten zur Literatur II. Frankfurt a. M. 1961. S. 152–187

LUDZ, PETER: Marxismus und Literatur. Eine kritische Einführung in das Werk von Georg Lukács. In: GEORG LUKÁCS, Schriften zur Literatursoziologie. [Werkauswahl Bd. 1] Ausgew. u. eingel. von PETER LUDZ. Neuwied 1961. S. 19–68

ABUSCH, ALEXANDER: Lukács' revisionistischer Kampf gegen die sozialistische Literatur (1958). In: ABUSCH, Kulturelle Probleme des sozialistischen Humanismus. Beiträge zur deutschen Kulturpolitik 1946–1961.

Berlin 1962. S. 325–337 (= Schriften. 3)

KOFLER, LEO: Weder Widerspiegelung noch Abstraktion. Lukács oder Adorno? In: KOFLER, Zur Theorie der modernen Literatur. Neuwied 1962. S. 160–187

KEMPSKI, JÜRGEN VON: Literatur und Lukács. In KEMPSKI, Brechungen. Kritische Versuche zur Philosophie der Gegenwart. Reinbek 1964. S. 181–199 (= Rowohlt Paperback. 31)

JARMATZ, KLAUS: Zu den Grundproblemen der deutschen antifaschistischen Literatur (1933–1945). Eine kritische Sicht von Lukács' Darstellung der antifaschistischen Literatur. Diss. Berlin 1964. 291 Bl. [Masch.] – Buchausgabe u. d. T.: Literatur im Exil. Berlin 1966. 300 S.

GOLDMANN, LUCIEN: Dialektische Untersuchungen. Neuwied 1966. S. 173–187, 283–313

ARVON, HENRI: Georges Lukács ou le front populaire en littérature. Paris 1968. 186 S. (= Philosophes de tous les temps. 41)

DEMETZ, PETER: Marx, Engels und die Dichter. Ein Kapitel deutscher Literaturgeschichte. Frankfurt a. M. 1969. S. 196–222 (= Ullstein-Taschenbuch. 4021/4022) [Georg Lukács als Theoretiker der Literatur.]

GALLAS, HELGA: Ausarbeitung einer marxistischen Literaturtheorie im BPRS und die Rolle von Georg Lukács. In: Alternative 12 (1969), S. 148–173

Marxismus und Literatur. Eine Dokumentation in drei Bänden. Hg. von FRITZ J. RADDATZ. Bd. II. Reinbek 1969. 309 S. (= Rowohls Paperback. 81)

Vgl. zur Espressionismus-Debatte: Bibliografie zur Expressionismusdebatte. In: Alternative 12 (1969), S. 204

ROSA, ALBERTO ASOR: Der junge Lukács – Theoretiker der bürgerlichen Kunst. In: Alternative 12 (1969), S. 174–203

STEINER, GEORGE: Sprache und Schweigen. Essays über Sprache, Literatur und das Unmenschliche. Frankfurt a. M. 1969. S. 196–223

ŽMEGAČ, VIKTOR: Kunst und Wirklichkeit. Zur Literaturtheorie bei Brecht, Lukács und Broch. Bad Homburg 1969. 105 S. (= Schriften zur Literatur. 11)

DURZAK, MANFRED: Der moderne Roman. Bemerkungen zu Georg Lukács' Theorie des Romans. In: Basis 1 (1970), S. 26–48

GALLAS, HELGA: Marxistische Literaturtheorie. Kontroversen im Bund proletarisch-revolutionärer Schriftsteller. [collection alternative Bd. 1. Hg. von HILDEGARD BRENNER.] Neuwied–Berlin 1971. 257 S. (= Sammlung Luchterhand. 19)

e) Die Rezeption

GLOWKA, DETLEF: Georg Lukács im Spiegel der Kritik. Die Interpretation des Lukács'schen Denkens in Deutschland 1945–1965. Diss. Berlin 1968. 255 S.

f) Sonstiges

ARISTARCO, GUIDO: Lukács' Beiträge zu Film und Filmkritik. In: Festschrift zum achtzigsten Geburtstag von Georg Lukács. Hg. von FRANK BENSELER. Neuwied–Berlin 1965. S. 588–604

NAMENREGISTER

Die kursiv gesetzten Zahlen bezeichnen die Abbildungen

ÜBER DEN AUTOR

Fritz J. Raddatz wurde 1931 in Berlin geboren; Studium an der Humboldt-Universität; 1950 Umzug von West-Berlin nach Ost-Berlin; 1955 Promotion an der Humboldt-Universität; bis 1958 Cheflektor im Verlag Volk und Welt, Ost-Berlin; 1958 Umzug von Ost-Berlin nach West-Berlin; von 1960 bis 1969 in der Verlagsleitung des Rowohlt Verlages; von 1969 bis 1970 Leiter des Spiegel-Instituts für Projektstudien; seit 1971 Privatdozent an der TU Hannover; lebt in Hamburg.

Publikationen: «Kurt Tucholsky. Eine Bildbiographie» (München 1961); «Traditionen und Tendenzen. Materialien zur Literatur der DDR» (Frankfurt a. M. 1972); «Verwerfungen. Sechs literarische Essays» (Frankfurt a. M. 1972); «Erfolg oder Wirkung. Schicksale politischer Publizisten in Deutschland» (München 1972).

Editionen: «Kurt Tucholsky – Gesammelte Werke in 3 Bänden» (Reinbek 1960); «Kurt Tucholsky – Ausgewählte Briefe» (Reinbek 1962); «Marxismus und Literatur. Eine Dokumentation in 3 Bänden» (Reinbek 1969); Taschenbuchreihe rororo-aktuell 1960 bis 1970.

QUELLENNACHWEIS DER ABBILDUNGEN

Dem Verlag Hermann Luchterhand, Neuwied und Darmstadt, danken wir für die Überlassung der von Frank Benseler erweiterten Zeittafel von Peter Ludz. Ferner sind wir dem Verlag und Herrn Frank Benseler für die Hergabe einiger wichtiger Bilddokumente dankbar verpflichtet.

Zu besonderem Dank sind wir Frau Maria Popper, geb. Lukács, in London verpflichtet, die uns Bilder aus Familienbesitz überließ.

Hermann Luchterhand Verlag, Neuwied: 31, 39, 62, 101 / Frank Benseler, Neuwied: 6, 23, 28, 29, 73, 99, 107 unten, 111 unten / Aufbau-Verlag, Berlin: 78, 79 / Bilderdienst Süddeutscher Verlag, München: 13 oben, 40, 48, 90, 95, 104, 109 / Österreichische Nationalbibliothek, Wien: 17, 21 / JA-Press G. Stolle, Zürich (Fot. Sándor Zsuzsa): 115 / Ullstein-Bilderdienst, Berlin-Tempelhof: 18, 24, 51, 59, 61, 67, 76, 77, 81, 92, 114 oben / Illustrationsfoto Walter Pöppel, Älvsjö: 27, 53, 58, 93 / Associated Press, Wien: 98 / Karoly Forgacs. Budapress, Würzburg: 107 oben / Slg. Theo Pinkus, Zürich: 14, 56, 64 / Interfoto Friedrich Rauch, München: 35 / dpa-Bild, Hamburg: 32, 103, 114 unten / Foto Willy Saeger, Berlin: 80 / Fot. Gisèle Freund, Paris: 87 / Rowohlt-Bildarchiv, Reinbek: 13 unten, 20, 33, 38, 57, 63, 86, 113 / Bild-Archiv Kultur u. Geschichte, München: 72, 84 / Popperfoto, London: 75 / Fot. Hunyday József, Budapest: 97 / Fot. Jack Nisberg, London 102 / Fot. Pisarek, Berlin: 106 / Fot. Vattay Elemér, Budapest: 111 oben / Fot. Wolfgang Korrufu, Basel: 112 / Maria Popper, London: 8, 9, 10, 11, 22, 36, 117

Georg Lukács Werke

Die Seele und die Formen (1911)

Essays. Band 21. 255 Seiten. 1971. DM 9,80.

Die Theorie des Romans (1920)

Ein geschichtsphilosophischer Versuch über die Formen der großen Epik. Band 36. 145 Seiten. 1971. DM 7,80.

Geschichte und Klassenbewußtsein (1923)

Studien über marxistische Dialektik.
Band 11. 513 Seiten. 2. Aufl. 1971. DM 9,80.

Ästhetik (1963) Erster Teil

Band 63. 284 Seiten. 1972. DM 9,80.

Ästhetik (1963) Zweiter Teil

Band 64. 300 Seiten. 1972. DM 9,80.

Ästhetik (1963) Dritter Teil

Band 70. 192 Seiten. 1972. DM 7,80.

Ästhetik (1963) Vierter Teil

Band 71. 240 Seiten. 1972. DM 9,80.

Ontologie (1971) Hegel

Band 49. 132 Seiten. DM 4,80.

Ontologie (1972) Marx

Band 86. 180 Seiten. DM 7,80.

Ontologie (1973) Arbeit

Band 92. 160 Seiten. DM 7,80.